U0937354

四川省社会科学院重大项目

四川省社会科学院
学术文库

协商与对话：

信息化时代中国治理变革的新路向

陈玉霞◎著

中国社会科学出版社

图书在版编目（CIP）数据

协商与对话：信息化时代中国治理变革的新路向／陈玉霞著．—北京：中国社会科学出版社，2018.10

（四川省社会科学院学术文库）

ISBN 978-7-5203-3471-6

Ⅰ．①协…　Ⅱ．①陈…　Ⅲ．①社会管理—体制改革—研究—中国　Ⅳ．①D63

中国版本图书馆 CIP 数据核字（2018）第 249804 号

出 版 人　赵剑英
责任编辑　喻　苗
责任校对　胡新芳
责任印制　王　超

出　　版　中国社会科学出版社
社　　址　北京鼓楼西大街甲 158 号
邮　　编　100720
网　　址　http://www.csspw.cn
发 行 部　010-84083685
门 市 部　010-84029450
经　　销　新华书店及其他书店

印刷装订　北京明恒达印务有限公司
版　　次　2018 年 10 月第 1 版
印　　次　2018 年 10 月第 1 次印刷

开　　本　710×1000　1/16
印　　张　15
插　　页　2
字　　数　239 千字
定　　价　65.00 元

前　言

共识是一个社会保持秩序与稳定的重要心理基础，是社会团结的精神纽带，社会的存在和发展必须以社会公共利益以及相当程度和一定范围的共识为基础。在人类化解冲突和建构社会秩序的过程中，主要有三种建构方式：政治制度、市场机制与思想意识，其中思想意识的一致是社会维持统一、团结与稳定的强大的精神力量。① 但是，差异始终存在，有差异就会有分歧、冲突和分裂。如何避免社会的分歧、冲突与分裂，如何获得并维系共识，维护社会秩序，保持社会的团结、统一与稳定，是人类社会不断遇到且不懈探寻的问题。传统社会中的政治统治者主要通过实施强制性的权力与法律调控、沿袭传统的习俗、加强意识形态的宣传、灌输或道德教化等形塑社会成员的共同信念和普遍观念，从而将利益分化和观念分歧限定在可容忍或可控制的程度。现代社会初期，受文艺复兴与启蒙运动中理性主义思潮的激发，西方国家的政治统治者和民众相信可以在普遍理性的基础上建构一个全新的自由民主的社会与政治秩序，可以在普遍权利的框架下解决多样化的利益与价值纷争。但是，20 世纪发生的两次世界大战以及不断出现的社会运动，使人们意识到通过纯粹的单一的理性来化解价值与文化的冲突是不现实的。特别是随着 20 世纪后半期以来，社会多元化与异质性进一步发展，在全球化、民主化、信息化不断增强的时代，人们更加强调个性自由与价值多元。在这样的环境下，共识的领域正在日益缩减，基本上只有在

① 段元秀：《西方政治思想中的共识理论研究——从“个体同享”的共识到“对话与交往”的共识》，博士学位论文，天津师范大学，2015 年。

政治与法律的领域尤其是宪法层面才有共识，而其他领域的共识正日益消失。这样的状况对社会团结、秩序与统一造成了一定程度的威胁。管理者通过高压和强制塑造共识的传统方式在新的社会环境下逐渐失去了效力。如何重新建立起有效的政治合作与稳定的社会生活秩序，或者说在何种基础上建立起统一的民主社会政治秩序，是当前世界各国的管理者与理论家亟须面对和探讨的问题。

一 中国社会治理的变革

与世界多数国家一样，中国的管理者也面临着不断变化的社会秩序和寻找更加优化的治理方法的困境。回溯中国的社会治理过程，也经历了从“统治”到“管理”再到“治理”的循序渐进的演变历史。从“统治”转向“管理”再走向“治理”，并不仅仅是语词的变化，更是国家治理理念的更新，体现了当前我国治国理政方略的全新视角。根据联合国全球治理委员会给治理所做的界定，治理是指“各种公共的或私人的个人和机构管理其共同事务的诸多方法的总和，是使相互冲突的或不同利益得以调和，并采取联合行动的持续过程”。

治理与统治和管理都有着本质的区别。一是主体不同。统治和管理的主体只有政府，而治理的主体还包括社会组织乃至个人，政府不再是实施社会管理的唯一权力主体和至高无上的权威，体现了一种多元共治的理念。二是权源不同。政府的统治、管理权来自于权力机关的授权。而治理权当中的相当一部分由人民直接行使，这便是所谓的自治、共治。三是权力运行的方向不同。统治、管理的权力运行是单一而纵向的，是政府运用权威，通过制定和实施政策，对社会公共事务实行自上而下的单向度的管理。治理则是一个互动的社会政治过程，主要通过合作、协商、伙伴关系，确立认同和共同目标等方式实施对公共事务的管理。治理拥有的管理机制不主要是政治权力，而是倾向于合作网络的权威，权力向度是多元的、网状的。四是目标不同。治理比管理、统治具有更为丰富的价值目标。治理的目标，第一是要激发社会活力。在当前利益多元化、文化多样化的条件下，国家治理要根据实际情况尊重差异、包容多样，特别是要保障宪法确认的个人自由，让公民和社会组织充满生机活力。第二是要有助于扩大人民民主。国家治理要更加注重健全民主制度、丰富民主形式，充分发挥我国社会主义政治制度优越性。第三是要有助于实现社会正义。国家治理的重要任务之一就是努力营造公平的社会环境。五是方式方法不同，治理的方式手段是综合的、多样的：首先是非对抗性和“软法”。变整治为疏导，变刚性为柔性。其次是契约化和合作规制。变命令为协商，变指挥为指导。最后是提供服务或社会福利。变监管为服务，变强制为利导。总之，治理是个人和制度、公共和私营部门管理其共同事务的各种方法的综合。它是一个持续的过程，其中，冲突或多元利益能够相互协调并能采取合作行动，既包括正式的制度安排，也包括非正式的制度安排。最高人民法院副院长江比新认为，从统治到管理再到治理，体现的不仅仅是语言表述上的改变，体现的是一场国家、社会、公民从着眼于对立对抗到侧重于交互联动再到致力于合作共赢善治的思想革命；是一次政府、市场、社会从配置的结构性变化引发现实的功能性变化再到最终的主体性变化的国家实验；是一个改革、发展、稳定从避免两败俱伤的负和博弈、严格限缩此消彼长的零和博弈再到追求和谐互惠的正和博弈的伟大尝试。①

二　治理变革的社会图景

从统治、管理向治理转变，是中国经济社会发展到现阶段的产物，也是未来中国政治、经济、文化、社会、生态文明现代化建设的需要。在未来很长一段时间内，中国的社会治理都将置身于几大复杂环境之中。

一个是“即时网络”时代。随着传播技术和传播方式的革新，中国互联网经历了从 Web1.0 到 Web2.0，再到“即时网络”的三次发展浪潮，并表现出不同的信息传播规律。“即时网络是以大规模同时在线的网民的实时互动为基础的互联网应用。”② 即时网络时代信息控制权

① 《最高法副院长：稳定不是国家治理的唯一价值》，2014 年 3 月 3 日，新浪网（http：//news. sina. com. cn/c/）。

② 方兴东、张静、张笑容：《即时网络时代的传播机制与网络治理》，《现代传播》2011 年第 5 期。

被进一步分解到了网民个人手里，网民主导着内容生产与传播。当互联网上随时随地都有数千万、数亿网民同时在线，而且可以实时互动的时候，互联网不再是依靠积累的历史网页，而是海量网民实时的互动。当网民对同一条重要新闻或重要评论进行关注、转发、评论时，网络舆论的核裂变效益就会显现出来。在中国已经存在7亿多线民的情况下，网络舆论已然成为社会的风向标、晴雨表。网络舆论既可以成为推动改革的主力军，也可以成为阻碍改革的主力军。因为互联网不仅是传播和扩散舆论信息的一个渠道，同时也是催生集体行为的助燃器。在它的催化下，产生出了现代社会大规模的集体行为，即网络舆论事件。当越来越多的网络舆论事件案例随着网络传播和扩散，成为普通人日常生活中的谈资之时，它给我们传递着这样一种信息：参与和推动舆论事件，是当前解决社会问题最为快捷和有效的途径。因此，可以说，互联网的发展与网络舆情事件的高发，呈现一种紧密的伴生关系。一方面是因为中国公民的权利意识在不断增强，信息采集、加工和扩散信息的能力也在持续提高，另一方面则是中国政府在对待和处理舆论事件过程中的态度和做法，让他们确信，发起和参与舆论事件，真的是改变最终结果的可选择行动策略之一。

网络谣言泛滥、网络舆论事件频发是即时网络时代最为棘手的问题。一是信息求证的难度增加。因为在即时网络时代，为了追求时效性，很多网站根本无暇查证信息来源的真实性就匆匆发布新闻，导致很多虚假信息到处传播。尤其是QQ、微博、微信等社交媒体的出现，信息来源多，信息量大，媒体和管理者根本无法一一进行查实和过滤。另外，在移动互联网时代，手机成为发布信息的重要通道。当手机与互联网无缝结合，传播过程中控制环节增多，增加了管理难度。二是严厉的网络封锁失效。即时网络使管理者试图依靠切断信息的流向来达到阻止传播更加困难，网络技术的发展使得民众能够利用多种传播渠道发布信息。网民可以利用新兴的网络应用突破封锁，对某个节点的封杀已无法完全控制信息传播。因此，在即时网络时代，网络封锁和多样化的发布渠道作为一对矛盾体，使粗暴的网络封锁难以达到预期效果，政府的管理面临着技术性风险。

相当程度上，网络对社会产生的正面或负面影响的程度，取决于网络舆论治理的成效上。网络舆论治理无论在中国还是西方，都是一件令政府十分头疼却又非常重要的事情。因此，在新的传播格局下，中国各级党委和政府如何提高网络舆论治理能力和水平显得十分重要和迫切。政府一方面要减少传统的自上而下的管理模式，另一方面更需要探索与自下而上的治理机制的融合，逐步从“监管”思维转变到“治理”思维，从单一主体或者有限主体的监管向多主体共同治理转变，这才是未来中国网络舆论治理的有效路径。因为监管的目标是净化网络环境，控制网络舆论，而治理的目标是保护言论自由和个人的隐私权，尊重行业自由竞争，保持网络产业健康、有序发展。

另一个是新型城镇化。2014 年 3 月，中共中央、国务院正式发布《国家新型城镇化规划（2014—2020 年）》[①]，标志着新一轮城镇化即将步入快车道。此次城镇化规模与速度可谓史无前例，对中国转向消费主导的可持续增长意义重大，但同时也充满挑战。第一，多年来中国城镇化进程留下了很多顽疾：某些地方政府热衷于搞“政绩工程”，将城镇化简单化为“造城”。城市“摊大饼式”扩张、农业转移人口难以融入城市，城市发展缺乏产业支撑等问题十分突出。而由于缺乏科学规划，雾霾、交通拥堵、房价高企等“大城市病”开始困扰中国城市居民。第二，城镇化是一个世界性的难题。世界上很多国家，从发达国家到发展中国家，城镇化之路都充满坎坷。美国城镇化过程中遭遇过贫穷、污染、交通拥挤、犯罪率上升等问题。拉美地区也在经历“城市病”阵痛。由于缺乏规划管理，城市环境污染、交通拥堵、暴力加剧、贫富分化、教育医疗资源匮乏、基础设施薄弱等一系列问题日益严峻，由此引发一系列社会矛盾。政治学家亨廷顿曾经说过，现代化孕育着稳定和动乱。世界各国在现代化过程中，经济的高速发展和社会结构的变化，给社会既有的秩序带来了冲击，产生了不稳定性。第三，强制拆迁、环境污染、城市管理等问题，都会对城乡社会政治稳定产生不同程度的不良

---

① 中共中央、国务院印发《国家新型城镇化规划（2014—2020 年）》，2014 年 3 月 16 日，中国政府网（http：//www. gov. cn/gongbao/content/2014/content_ 2644805. htm）。

影响。尤其是土地和拆迁问题成为社会冲突的“痛点”和“引爆点”。据中国社会科学院2013年发布的社会蓝皮书调查显示：近年来，每年因各种社会矛盾而发生的群体性事件多达数万起，甚至十余万起。其中征地拆迁引发的群体性事件占一半左右，环境污染和劳动争议引发的群体性事件占30%左右，其他社会矛盾引发的群体性事件占20%左右。①

由于当前土地城市化的速度远远大于人口城市化的速度，这一“大跃进”现象带来的后果就是持续不断的社会矛盾和冲突。而目前解决这些社会矛盾的正常渠道缺乏，普通民众往往借助网络这一便捷方式，通过壮大网络舆论向政府施加压力，推动问题的解决。这种社会矛盾通过网络情绪化的渲染和扩散，以强烈的社会不满和广泛参与为特点，对社会稳定造成巨大的冲击，给政府管理带来极大的麻烦。土地是农民的“命根子”，土地问题不仅涉及巨额经济利益，而且事关农民的生存生活方式，因此关于土地的争议更具有对抗性和持久性。特别是县域社会，由于把城镇化作为县域经济发展的重要战略和抓手，招商引资成为地方政府的中心任务，老百姓的利益则被有意无意地撇下，从而造成地方政府与人民的矛盾。这些矛盾如果处理不好，则有可能会引发网络舆论事件，进而影响社会稳定、阻碍城镇化进程。可见，城镇化引发的是全面、系统和深刻的社会变迁，社会风险急剧加大，社会稳定形势严峻，如果处理不慎很可能会陷入新的困境。

因此，在即时网络、新型城镇化和社交媒体崛起几大环境的交互作用下，信息流动的快捷迅速，社会生活的加速变迁，人们的创新意识、差异意识、平等意识、权利意识、民主意识日益增强，中国社会面临着因差异而产生社会分歧、冲突和断裂的风险。

三　治理变革中的媒介角色

社会冲突虽然具有反结构和反功能的特征，但它也承担着社会整合和“社会安全阀”的角色，是社会体制正常运转和自我调适的一个因

① 陆学艺等编：《社会蓝皮书：2013年中国社会形势分析与预测》，社会科学文献出版社2012年版。

素，不应该过度化处理或暴力压制。[①] 在社会转型中，普通民众由于自身资源的匮乏，仍然处于弱势的一方。学者于建嵘强调，应该通过建立多元化、体制化和正规化的权益表达和均衡机制，为弱势群体的话语权传播提供公正有效的制度管道。[②] 作为信息传播和政令上传下达的媒体，在这个过程中，往往被寄予厚望，起着引导和化解社会冲突的建制性作用。特别是近年崛起的新媒体，凭借其互动性和开放性，为社会冲突事件的产生和发展提供了公共空间，新媒体所建构的公共交流平台，使其影响力日益凸显。但是，新媒体由于信源的多元化、匿名性和考证的困难，以及信息传播的随意性和情绪化，使其公信力大打折扣，这也影响了互联网等新媒体公共性的产生和表达。传统媒体因其把关严格，在受众中拥有较高的公信力，但传统媒体“事业单位，企业化管理”的二元体制，使其公共性受到国家、市场、利益集团等不同权力形态的影响。对于冲突性议题的建构，传统媒体既要在国家维稳的意识形态中追求一种传播的合法性，也要在满足商业利益目标的刺激下凸显媒体的公共性。在多元的权力关系结构以及社会冲突性议题本身性质的特殊性的影响下，传统媒体的公共性生产呈现出复杂和交织的状态。

关于媒体的公共性和公共领域，尤尔根·哈贝马斯（Jürgen Habermas）在《公共领域的结构转型》一书中做过阐释。他认为，公共性本身表现为一种独立、公开、民主的领域即公共领域，在其中，每个人都有机会平等表达个人的信念和意见，只有当这些人的个人意见通过公众批判而变成公共舆论时，公共性才能实现。[③] 也就是说，公共性是由公共舆论催生出来的，公共领域则发挥着为公众提供公开、平等和理性协商的平台的作用。公共领域是公共性实施的场域和载体，而公共性则是公共领域的核心价值和理念。也有学者把媒体公共性看成是媒体作为社会公器服务与公共利益的形成与表达的实践逻辑，这种逻辑体现在三个

---

① 于建嵘：《抗争性政治：中国政治社会学基本问题》，人民出版社 2010 年版。

② 于建嵘：《中国的社会泄愤事件与管治困境》，《当代世界与社会主义》2008 年第 1 期。

③ 许鑫：《媒介公共性与公共领域研究：议题、进路与出路——基于文献回顾和研究现状的反思》，《深圳大学学报》（人文社会科学版）2014 年第 5 期。

方面，一是媒体把公众作为服务对象；二是媒体作为公众的平台必须开放，其话语必须公开；三是媒体的操作应该受到公众的监督，必须公正和客观。①

虽然传统媒体和新媒体的公共性受到各种质疑，但无论如何，媒体（特别是新媒体）在一定程度上仍然扮演着建构公共领域、生产公共性的角色。以互联网为基础的新兴媒体为公众提供了近似理想的公共领域，普通公众可以在这个平台上针对公共事务进行公开讨论、协商，以维护公共利益。从这个意义上说，媒体的公共性的本质就是促进公众在国家制定和实施经济、政治、社会和文化决策等社会过程中的平等和最大可能的参与。公众在参与政治、经济、文化生活过程中所催生的公共领域有利于社会的民主和平等，而在这个过程中，媒体发挥了关键性的作用，它为公众的知情权、表达权和参与权、监督权四权的实现提供了可行的路径。因此，媒体作为社会公器在报道社会冲突性事件的过程中不是单纯地传递信息，而是要通过与诸多权力利益的博弈，建构出一种公共性框架，体现媒体的公共性。恩特曼（Entman）认为，媒体框架的本质就是选择和凸显，通过选择部分事实，透过问题的定义、解释、道德评估等强调方式，让部分事实在文本中更加凸显出来，以此影响人们对问题重要性的认知。② 他还总结出框架的四种功能——界定问题、确认问题成因、定出一种道德判断、给予解决方案和改善方法。③ 媒体的公共性框架正是媒体为了体现公共性而选择报道新闻事实的方式。在公共性框架下，媒体会尽量选择多元化的报道方式，力求给公众呈现其客观公正的一面。在面临多方利益的矛盾冲突中，媒体也会在权衡各方利益后，做出比较折中的报道。

此外，媒体还起着引导公众认知、凝聚社会共识的作用。媒体为公

---

① 潘忠党：《传媒的公共性与中国传媒改革的再起步》，《传播与社会学刊》2008 年第 6 期。

② 袁光峰：《合法化框架内的多元主义：征地拆迁报道中的冲突呈现》，《新闻与传播研究》2012 年第 2 期。

③ 胡幼伟：《争议性外交议题之新闻文本框架分析——以“凯德磊隐匿访台”事件为例》，中华传播学会 2005 年年会论文。

众提供了认知公共问题的渠道，公众在与媒体的互动中加深了对公共利益的理解。议程设置理论认为，媒体可以通过对议题框架和强调程度来引导公众的注意力以及改变他们对议题的认知。社会冲突性事件，往往会经历发生、发酵、高潮和解决四个阶段，在每一个阶段，媒体都可以通过议程设置功能去引导公众的认知，这就要求媒体必须以一种社会共识的框架来建构议题。社会共识是社会为了共同目标的实现，而为公众所建构的统一性的认知，媒体在建构社会冲突性议题的过程中，都是把自己定位为具有公共服务功能的机构，最终目标是要促进社会共识的产生，并以此寻求社会冲突性事件的解决途径。因此媒体经常以公共话语平台和调解者的身份及时介入冲突，公平报道各方的诉求，以社会共识框架去建构议题，使社会各方在媒体上公开讨论、平等协商，最终达成共识。在媒体共识框架的引导下，政府部门开始倾听社情民意，公众逐渐拥有并实施监督政府的权利，公权力和私权利开始双向转化和沟通，媒体的公共性也由此得以建构出来。

四 治理变革的理论和方法

中国在寻求社会冲突的解决方法中，也催生出了新的民主治理形式。2013 年 11 月召开的党的十八届三中全会上，党中央提出了“推进国家治理体系和治理能力现代化”的改革目标，国家治理体系的现代化，主要指的是国家治理的组织体系和制度体系设计，在思维和精神上要体现现代属性；而治理能力的现代化，主要是针对执政者而言，是从认识论和方法论层面要求执政者不仅要建立现代思维，还要有现代的、与时俱进的手段和措施。总体而言，是要求政府及时更新治理理念、改革治理体制、完善治理体系、提高治理能力。①

在治理变革过程中，中国的学者和管理者试图突破国家的界限，在全世界范围内为新的治理方式寻找理论支撑和操作方法。其中协商民主作为一种较为理想的现代治理形式，能够实现科学的、民主的、合法的

---

① 许海清：《国家治理体系和治理能力现代化》，中共中央党校出版社 2013 年版，第 3、11 页。

决策，能够规范广大群众有序地政治参与、利益表达和诉求，能够限制行政机构裁量权的无限膨胀，能够培养起群众的公民意识、公共意识等而被中国学者引入到中国的政治实践中。西方协商民主理论是当今民主政治最为重要的发展趋势，它将秩序良好社会的合法性和正义与社会成员通过理性的交流与沟通达成的共识联系起来。尤其是哈贝马斯关于社会交往与在对话与协商中达成共识的协商民主理论在中国产生了巨大的影响。他的协商民主理论注重人们的交往、沟通及互动，形成政治价值与决策的共识，以提升实质性民主的程度与决策质量，增强民主合法性。哈贝马斯认为，进入多元社会之后，人们不能依靠原有的统一的世界观来协调彼此行动，在这种情况下，人们若要协调行动、解决冲突，但既不想诉诸暴力，又不想停留于暂时的妥协，也不能依靠伦理共识，就只能通过交往或商谈形成共识。①

通过协商形成共识是协商民主理论的一个基本理想或价值取向。但是在传统面对面协商的模式中，参与协商的人数较少，协商的成本也较高，还面临着面对面交流因紧张、顾忌熟人的面子等因素而导致的交流障碍等困境。而互联网有着开放、平等、匿名性等特质，为社会公众塑造了一个新的公共领域，成为社会公共事务协商的理想场域。因此，把互联网引入协商民主中，形成协商民主理论的一个分支——网络协商，成为21世纪学者们努力的新方向。他们试图利用现代治理理论、互联网、大数据技术等，重塑公共部门管理流程，建立起良好的合作网络，促进责任、共识、高效和民主，以应对网络社会、多元文化、社会冲突带来的时代挑战。他们认为网络协商民主唤起了理性立法、参与政治和公民自治的理想；展现了合法政府应该体现“人民的意志”这一观念；它强调基于理性的参与，强调政治决策过程应该充分考虑普通公民的意见、建议，而这种决策是在公共利益的诉求下，在参与者达成共识的基础上形成的。因此，其对公民参与、对话和讨论、尊重和理解的强调，以及对经由共识实现合法决策，进而促进公共利益的诉求，成为推动国家和地区治理的重要因素。

① ［德］尤尔根·哈贝马斯：《交往行动理论》，曹卫东译，上海人民出版社2004年版。

当前中国的治理变革，面临着网络舆论事件频发、网络谣言泛滥、社会信任缺失、政府治理体系落后等困境，正好可以借助西方协商民主理论中的积极因素和审慎作用，克服网络民主的群体极化和民粹主义倾向，解决民众政治参与机会少、解决社会冲突制度化渠道失灵、政府公共服务压力大以及中央和地方利益冲突等一系列问题。因此，探寻协商民主理论的思想资源和历史资源，总结协商民主实践的丰富经验，为推进中国社会主义协商民主广泛、多层、制度化发展，构建程序合理、环节完整的协商民主体系，从而为中国的治理改革提供理论方法指引具有十分重大的意义。本书正是在这样的时代背景下，展现了当前中国社会治理面临的系列危机及解决路径。

全书共分为四篇，第一篇梳理了当前城镇化过程中的突出矛盾，并对这些矛盾转化为网络舆论危机的动因进行了深入分析，然后在实证调查的基础上，对政府应对网络舆论危机的问题进行剖析并提出了相应的策略。第二篇刻画了社交媒体崛起媒体信息权让渡给普通民众之后带来的谣言泛滥、信任缺失的信息社会图景以及给政府治理带来的挑战，并在此基础上提出了重建社会信任的方法。第三篇对信息技术挑战下的中国应急决策体制进行了系统的考察，提出了将大数据技术和思维引入决策系统以促进政府治理能力现代化的思路。第四篇则针对当前中国社会治理面临的系列危机以及当前中国的民主制度建设状况，结合西方的协商民主理论资源，为中国社会治理变革寻找理论支持和方法。

目　录

第一篇　新型城镇化下的网络舆论危机

第二篇 社交媒体时代的信任缺失

第三篇 新技术挑战下的政府应急决策制度

第四篇　在协商对话中解决社会治理危机

第一篇

新型城镇化下的网络舆论危机

20世纪90年代以来，中国进入城市化高速发展的阶段。城市化是城市快速扩张和经济迅速发展的过程，在这个过程中，社会上不同群体、不同集团的经济获益差别很大，很多失地农民和城市弱者的利益受到了不同程度的损害，导致社会矛盾和冲突增多，产生了一系列复杂的社会问题：大规模拆迁、失地农民的安置、环境污染、农民工非正规就业与城市管理的冲突等问题。这些利益受损的人群，急需寻找一定的渠道表达自己的利益诉求，而在传统的制度化渠道得不到正常回应之后，他们转而寻求网络舆论的支持。互联网具有开放、平等、匿名、传播速度快、影响力大等特点，正是他们进行表达的理想渠道，这些正当性的议题在互联网的催化效应、别有用心者的精心组织下，极容易导致网络舆论事件的发生，为政府的社会治理带来巨大的挑战。

第一章

新型城镇化过程中的社会矛盾

第一节　新型城镇化的总体特征

根据十八大报告精神，新型城镇化将成为中国全面建设小康社会的重要载体。而此次新型城镇化的规模和速度都是空前的，在给整个经济社会带来巨大发展机遇的同时，也充满了挑战。从宏观来看，第一，新型城镇化会给“三农”带来巨大的挑战。“我们已经连续11年粮食丰收，但是2011年全国进口粮食超过2200亿斤，粮食总自给率水平不到90%，粮食安全问题不容乐观。”[①] 城镇化占用了大量耕地，影响了粮食生产。第二，新型城镇化将加剧“城市病”的问题。当人口、产业向城市高度集聚时，必然会带来交通拥堵、环境污染、住房难、上学难、看病难等“城市病”。第三，新型城镇化会造成“资源环境危机”更加凸显。因为快速城镇化的过程就是土地、水资源和能源的高速消耗的过程，大规模的城市建设可能会导致区域性复合型大气污染事件频发，并达到历史最严重水平。

从微观来看，城镇化面临的问题非常广泛，主要表现为三大类，第一大类是城市急剧变化所带来的城市自身的不协调，具体表现为：一是城市建设和城市改造所引发的拆迁问题；二是城市项目建设带来的环境污染问题。第二大类是农村发展中出现的不协调，主要是失地农民的安

---

① 桑彤、何欣荣：《新型城镇化需避免矛盾“共振”导致风险》，2013年12月18日，和讯网（http：//opinion. hexun. com/2013 - 12 - 18/160706433. html）。

置与保障问题。第三大类是城乡之间的不协调，一是城市农民工非正规就业与城市管理的矛盾问题；二是新市民的融入问题。

第二节 新型城镇化面临的矛盾

一 拆迁引发的矛盾和冲突

在狭隘的发展观之下，城市化被异化为大拆大建，地方政府大规模举债搞城市建设成为普遍现象。没有科学的决策机制，也没有有效的约束机制，不少地方政府为了拉动经济，大搞城市建设和大规模扩张，这样的结果是，建设项目投资超出了其可支付能力，政府只有拖欠工程款、拖欠农民工工资甚至压低拆迁补偿、限时搬迁，这些损害被拆迁人利益的做法和强硬措施，成为引发拆迁纠纷和冲突的导火线。据住建部最新资料显示，房地产市场的一半来自拆迁所产生的被动需求。这种人为增加的被动需求改变了正常的供需格局，增加了购房需求的压力，同时也使拆迁成为城市社会矛盾最尖锐的领域之一。

由于拆迁涉及居住权和根本利益问题，拆迁引发的矛盾具有涉及面宽、上访率高、调处难度大的特点。引发拆迁矛盾的具体原因为：一是安置补偿不合理，或政策执行不力，导致拆迁户利益受损。二是拆迁户得不到政策和法律保护，往往与拆迁人、政府有关部门发生直接冲突，这是制度上的最根本的问题。三是由于一些政府部门事先缺乏科学规划，导致居民无法返迁。或者旧房拆除后，政府安置房、安置款没有如期到位，从而引发拆迁户的不满。

二 项目建设造成的环境污染

在城市化进程中，为了发展经济，促进就业，政府势必会引入一些大型的建设项目。这些建设项目对经济和就业的拉动使得政府往往以牺牲环境为代价，或者绕过百姓，直接决策。自家门口的大事，却被拒绝参与决策，群众心中难免会有些想法。当这种想法或者说是怨气积累到一定的程度却始终找不到正常的释放渠道时，就可能会引发舆论危机事件或群体性事件，什邡钼铜事件即是如此。筹备一年多的四川什邡钼铜多金属资源深加工项目，于 2012 年 3 月 26 日通过了国家环保部的审批，6 月 29 日，总投资 104 亿元的钼铜项目正式开工。7 月 1 日，四川什邡市部分市民和学生因担心“钼铜项目”会引发环境污染，到什邡市委、市政府聚集抗议示威，要求停建项目。7 月 2 日，事态不断严重和激化，反对建设的示威逐步演变为群体性事件。执行警戒任务的特警采用了催泪瓦斯和震爆弹对过激人群予以驱散，拘留部分群众和学生，造成数十名群众受伤。7 月 3 日，什邡市人民政府要求钼铜项目停止建设。①

什邡群众之所以会有聚众抗议的行为，主要是缘于自身的权益被忽视。按理说，这个重大项目与当地群众的经济和生活息息相关，政府在引进之前，必须公开听取群众意见，但从项目引进到建设，政府只是简单地在网上发布了一下信息，既没有召开听证会，也没有公开进行专家论证。虽然该项目已经进行过环境评估，但民众根本不知道！难怪群众会不理解、不支持。民意没有得到应有的尊重，自然会出问题。国内屡屡发生的因大型建设项目导致的群体性事件，如厦门和大连的 PX 项目、海南莺歌海火电厂事件、浙江余杭的垃圾焚烧项目，都是同样的原因。

政府之所以会屡屡犯同样的错误，根本原因在于身处社会转型期的某些地方政府部门，其治理和行政模式还没从传统的管理统治型转到现代公共服务型上来。在修建涉及公众利益的重大建设项目中，没有建立群众参与的决策、监督机制，无法得到所有“利害关系方”的了解、理解和支持，导致此类群体性事件难以得到根本遏止。

三 失地农民的安置与保障问题

由于城市化推进比较快，在短期内城市快速向外扩张，挤占了大量的农村土地，造成大批的失地农民群体。土地是农民生活的根本，失去了这一根本的谋生手段，将会产生一系列问题，如就业问题、收入下降问题、养老问题、住房问题、社会保障问题、农村精英流失问题、子女

---

① 《7·2 四川什邡宏达钼铜项目群体性事件》，2014 年 8 月 7 日，百度百科（http：//baike. baidu. com/link？ url = DqomAq_QlJZLc_Pc4RypQggr1LM_h2iUePI0y3rAYIAluPXqlH5GSjluj-LYnlRcJ_H – ECamQchTlvzKsZabCba）。

教育问题以及如何融入城市问题等。核心问题就是“失地农民问题”。

与主动进入城市化不同的是，在征地过程中被卷入城市化的失地农民往往是被动失地的，他们往往缺少进入城市化的精神和技能准备，如果政府不能积极、有预见性地处理失地农民问题，城市化带来的地震式变迁，可能会演变成整个社会动荡不安的“大地震”。据于建嵘的研究：目前中国社会发生的抗议性事件，农民维权约占35%，而在农民维权中，土地问题约占65%以上。①

失地农民的问题具体表现为：

一是经济困境。农民失去土地后，大都没有稳定的经济来源，收入水平和生活水平都大幅下降。我国对失地农民的补偿仅包括土地补偿费、安置补助费、地上附着物和青苗补偿费四项。根据四川省国土资源厅2008年4月颁发的《关于调整征地补偿安置标准等有关问题的意见》，四川省执行的补偿标准为，土地补偿费按耕地被征用前3年平均年产值的10倍计算。安置补助费依据被征地集体经济组织人均耕地面积，人均耕地1亩及以上的，每亩耕地按前3年平均年产值6倍计算；人均耕地1亩以下的每个安置人口按前3年每亩平均年产值6倍计算。征用非耕地的土地补偿费和安置补助费按上述标准减半计算。

土地补偿费和安置补助费按“前三年平均产值”计算的补偿金额明显偏低。根据青白江的补偿标准（见表1—1），每亩土地补偿费和安置补助费最多也不过3万多元。事实上，根据国土资源部的规定，失地农民的安置有多种形式，包括货币安置、农业生产安置、重新择业安置、入股分红安置、异地移民安置等，而且不限于这些方式。但调查显示，一次性货币补偿是目前采用最多的方式。比如四川省的货币安置比例就高达72.99%。② 单一的货币补偿形式带来的后果有两个：一是造成政府财政负担过重。为了减轻负担，政府常常采用压低补偿标准、侵占、截留、挪用补偿款等侵害农民的利益手段。二是导致农民失地又失

① 于建嵘、斯科特：《底层政治与社会稳定》，2008年1月24日，南方周末（http://www.infzm.com/content/trs/raw/35277）。

② 数据来源于四川省劳动和社会保障厅（2006年）。

业。补偿额到达农民手里后，仅够全家几年的生活费用，如果没有持续的收入，很快就会陷入经济困境。

表 1—1　　　　成都市青白江区土地补偿费、安置补助费标准①

地区类别	耕地年产值（元/亩）	征用耕地					征用其他土地
		人均耕地（亩/人）	土地补偿费		安置补助费		土地补偿费、安置补助费
			补偿倍数	补偿标准（元/亩）	补助倍数	补助标准（元/亩）	
一类	1200	1.0 以上	10	12000	10	12000	按耕地标准减半
		0.9—0.99			11	13200	按耕地标准减半
		0.8—0.89			12	14400	按耕地标准减半
		0.7—0.79			13	15600	按耕地标准减半
		0.6—0.69			14	16800	按耕地标准减半
		0.5—0.59			15	18000	按耕地标准减半
		0.4—0.49			16	19200	按耕地标准减半
		0.3—0.39			17	20400	按耕地标准减半
		0.2—0.29			18	21600	按耕地标准减半
		0.1—0.19			19	22800	按耕地标准减半
		0.1 以下			20	24000	按耕地标准减半
二类	1100	1.0 以上	9	9900	10	11000	按耕地标准减半
		0.9—0.99			11	12100	按耕地标准减半
		0.8—0.89			12	13200	按耕地标准减半
		0.7—0.79			13	14300	按耕地标准减半
		0.6—0.69			14	15400	按耕地标准减半
		0.5—0.59			15	16500	按耕地标准减半
		0.4—0.49			16	17600	按耕地标准减半
		0.3—0.39			17	18700	按耕地标准减半
		0.2—0.29			18	19800	按耕地标准减半
		0.1—0.19			19	20900	按耕地标准减半
		0.1 以下			20	22000	按耕地标准减半

① 2009 年 3 月 6 日，资料来自法律咨询网（http：//www.110.com/ziliao/article－64228.html，110）。

续表

地区类别	耕地年产值（元/亩）	征用耕地					征用其他土地
		人均耕地（亩/人）	土地补偿费		安置补助费		土地补偿费、安置补助费
			补偿倍数	补偿标准（元/亩）	补助倍数	补助标准（元/亩）	
三类	1000	1.0 以上	8	8000	10	10000	按耕地标准减半
		0.9—0.99			11	11000	按耕地标准减半
		0.8—0.89			12	12000	按耕地标准减半
		0.7—0.79			13	13000	按耕地标准减半
		0.6—0.69			14	14000	按耕地标准减半
		0.5—0.59			15	15000	按耕地标准减半
		0.4—0.49			16	16000	按耕地标准减半
		0.3—0.39			17	17000	按耕地标准减半
		0.2—0.29			18	18000	按耕地标准减半
		0.1—0.19			19	19000	按耕地标准减半
		0.1 以下			20	20000	按耕地标准减半

二是就业困境。失地农民不仅就业安置难，且下岗、失业问题突出。失地农民被迫失去土地后，受文化素质、职业技能、社会关系等因素影响，他们就业比较困难，而且失业率高，只能进入城市的二、三产业从事低技术含量的工作。特别是一些年龄大、文化程度低、缺乏职业技术的农民，失去了土地就相当于失去了根本的就业岗位。

三是医疗养老困境。医疗养老困境体现在两方面。其一是城市社会保障系统中的医疗和养老费用比较高，失地农民难以承受。在农村，农民主要依托家庭、依靠土地养老。失去土地后，老年人没有了生产资料，无法自给自足。城市的医疗费用也非常高，常常一个小病都要花费数千元，大病就更不用说，动辄几万、几十万元。其二是现有政策规定对失地的农民转入城市社会保障体系不利。农村社保主要由集体、企业、个人三方共同承担，但如果农民在征地过程中被转居，农民只能取出个人投入的那部分金额，国家和集体投入的部分无法享受。而且，男性年龄 60 岁以上，女性 50 岁以上在办理医疗、养老保险时，需要按城市标准补交15年的个人统筹金，才能享受退休金和医疗保险。这些规定对失地农民来说有失公平。

四是生活适应困境。我国长期实行的是城乡分割的二元化政策，城市居民和农村居民无论是生产方式还是生活方式都有着明显的差异。失地农民长期生活在农村，习惯了农村的生产和生活方式，一旦离开了原有的农村社区，就失去了原有的社会关系和生活方式。而新的社会关系因为各种因素很难在短期内建立，因而，失地农民进入城市后，因缺少各种精神和情感支持而容易陷入生活适应困境，面临着被边缘化的危险。

五是组织归依困境。农民离开原来的农村社区后，失去了组织依靠。而且，失地农民普遍文化素质、知识技能都较低，组织意识也较差。所以在权益受到侵害时，没有能力与其他组织进行谈判。失去土地后，农民往往是以单个个体或家庭进入城市，缺少反映农民利益诉求的组织可以依靠，这让他们在面对现代城市生活时感觉自己永远是渺小的。

四　农民工非正规就业与城市管理的矛盾

中国城镇化的快速发展，带动了庞大的农村人口向城市流动，这就是农民工队伍。据华生教授的研究，“我们现在有2亿多农民工，再加上他们的家属就有四五亿人。现在的城市化率2013年底是53.7%左右，但是按照我们公安部的城市户籍人口，城市化率只有35%，两者之间相差出的那二三亿人，就是进城打工的农民工”①。

这些农民工有一大部分，或由于人力资本和社会网络的限制，或出于自愿，只能从事非正规经济活动。这些非正规经济活动一般都是小本买卖，既不注册也不缴税，不受法律承认，也不受法律保护。政府为了保护环境，维护大众的公共利益，要求所有人都必须依法经营，这就造成非正规就业者与城市管理者的冲突不可避免。近年来，非正规就业者

① 《中国土地制度改革何处去？——访著名经济学家华生教授》，2014年5月12日，中国共产党新闻网（http://theory.people.com.cn/n/2014/0512/c40531-25006080-5.html）。

与城管的冲突日益剧烈，流血事件时有发生，使得非正规经济活动逐渐成为城市管理中一个相当突出的矛盾点。

不光是中国，非正规经济活动是发展中国家城市新移民的普遍性经济行为，这是城市化进程中必然会出现的现象。在城市化过程中，大量迁移人口的就业一般会有两种情况：一种情况是进入城市初期，迁移人口会有一段非正规就业的经历，之后再转入正规部门就业；另一种情况是由于城市劳动力市场的分割，迁移人口一旦进入非正规部门就业就很难再移动。

在户籍制度下，中国城市内部存在着劳动力市场的分割。所以，中国的农民工不但在刚进入城市劳动市场时是非正规就业，而且如果不改变身份户口，就很难由非正规就业转向正规就业。这样，非正规就业就成为农民工长期的生存之道，而非过渡。制度上的限制使得农民工的职业长期在非正规部门间流动，劳动关系脆弱，没有稳定的收入来源和社会保障，生活状况处于脆弱和紧张的状态，无法和城市社会产生长期稳定的关系，从而出现了各种短期的社会行为。

政府部门对城市非正规就业的管理也处于两难的境地。政府虽然明白非正规就业的正面功能，但政府的职能更多的是从非正规就业群体对城市环境、市容、卫生、安全等影响的角度考虑，因此，对非正规就业者的立场一般是整顿和控制。中国的城管大队就是城市管理者应对城市非正规经济活动的产物。城市管理旨在维持城市生活的秩序，而非正规就业者为了求得在大城市的生存，无法完全按照法规进行经济活动，典型的例子就是流动摊贩的大量存在。城管和非正规就业者必然站在对立的立场，如果无法妥善疏导，城市管理就会出现结构紧张的状态，在这一状态下，社会矛盾较容易激化，社会危机容易发生。如 2010 年 10 月 20 日，郑州市二七区五里堡办事处行政执法队员与摊贩发生冲突，导致道路阻塞，3 辆执法车受损。[①] 2011 年 7 月 26 日，贵州省安顺市两名城管执法队员与一名摊贩

---

① 《2010 年 10 月 20 日，二七区五里堡办事处行政执法队员与摊贩发生冲突，导致道路阻塞，3 辆执法车受损》，2010 年 10 月 21 日，新浪河南频道（http：//henan. sina. com. cn/news/2010 - 10 - 21/074141790. html？ from = wap）。

发生冲突，摊贩当场身亡。[①] 2013 年 7 月 17 日，湖南临武县瓜农邓正加在与当地城管的肢体冲突中死亡，6 名城管被警方以涉嫌故意伤害罪拘留。[②] 6 月 2 日，广州又发生城管遭小贩殴打的事件。[③] 城管与摊贩之间进行的“猫鼠”游戏和频频发生的暴力冲突已成为中国城市化进程中的一大问题。

第三节　新型城镇化过程中的社会矛盾易引发网络舆论危机的原因

一　解决矛盾的制度化渠道失灵

由于中国的城镇化是政府主导的，因此，新型城镇化过程中的矛盾主要是利益受损群体与政府的矛盾和冲突。在利益被损害以后，起初，群众一般会选择走制度化的渠道解决，如上访。但是，信访制度虽然赋予了访民信访的权利，但又明令禁止越级上访，事实上又收回了访民信访的权利。因为信访局隶属于各级地方政府，在对待群众利益问题上，常常会出现立场性偏差，制度化渠道的公器性质发生变化，丧失了作为调节社会矛盾的公器的性质，成为保护政府，而不是群众利益的私器。当制度化渠道的操作者不能够公正廉明地办事时，制度化的渠道就形同虚设，致使民众的不满缺乏有效的疏通渠道。

背后的原因当然是多方面的，但一个重要的因素是，在维护刚性稳定的巨大压力下，地方官员时刻处于高度紧张状态，他们把民众正当的利益诉求与表达视为不稳定因素，并不择手段地用一切可能的方式来消除或者掩盖甚至是压制各种社会冲突和利益表达，希望通过压制和牺牲弱势群体的利益表达，来实现短期的绝对稳定，以保护自己的官位和维

---

① 《安顺城管打死摊贩引发群体事件》，2011 年 7 月 28 日，搜狐网（http：//news. sohu. com/20110728/n314773677. shtml）。

② 《临武瓜农死亡事件 6 名涉事城管被刑拘》，2013 年 7 月 20 日，新华网（http：//news. xinhuanet. com/legal/2013 -07/20/c_116618285. htm）。

③ 《网曝广州城管遭小贩掐脖子狠抓下体》，2013 年 6 月 4 日，新华网（http：//news. xinhuanet. com/legal/2013 -06/04/c_124809461_7. htm）。

护既有的利益格局。但这样不仅对社会公正造成了严重损害，而且对社会的长期稳定极为不利。

在这种特定的环境之下，利益受损群体就会放弃制度化解决问题的渠道，而采用非制度化的手段进行抗争和维权。因为在中国，地方官员为了自己的“乌纱帽”，最怕的是群众聚集闹事，群众不闹，官员一般不会重视，而群众一闹，问题立马就有了转机。因此，在“大闹大解决，小闹小解决，不闹不解决”的逻辑之下，制造不稳定、法律外解决、暴力性抗争就成为弱势民众最主要的维权方式。网络因为具有便捷、低成本、隐蔽、快速、影响力大等优势，往往成为利益受损者进行舆论造势和组织动员的首要武器。

二 互联网对舆论的催化和放大

互联网技术的发展，使网络成为社会动员的最有效、最便捷的方式，加剧了社会风险的发生。随着通信技术日益大众化，公众对一些问题的争论往往会迅速扩散。在信息技术快速发展的今天，公民通过网络进行社会政治参与的规模和数量越来越大。由于网络的交互性、传受一体化、快捷性等传播特点，特别是短信、微博等新的信息收发平台的诞生，使一件偶发的小事迅速演变为舆论风暴。例如，关于西瓜注了红药水的流言，给全国的瓜农造成了不小的损失；关于艾滋病患者扎针事件的传闻，引发了人们一轮又一轮的恐慌；关于日本核辐射会污染盐的生产的谣言，导致全国多地发生抢盐风波……这些不确定的微小细节引发的舆论危机事件，挑战了传统的“可控原则”。

网络作为新的传播载体，如同一个“扩音器”，瞬间能把信息传遍全球，扩大了传播范围；又如同一个“放大器”，能够将一些小小的事件迅速放大，引起众多网民关注甚至成为某段时间的社会热点。这既与网络本身的催化和助燃作用有关，也与媒体的炒作脱不了干系。

在网络舆论危机事件爆发的前期，往往需要一定的情绪感染，发布者通过论坛、QQ、微博等社会化媒体发表一些骇人听闻的传闻、编造一些能引发网民情绪共鸣的故事，或者发布一些极有视觉冲击力的图片、视频，引起网民的关注。开始是各个单独的网民的点击浏览，随后，当网民发现楼上楼下相似或相反的观点的回帖或跟帖，就激起了兴奋情绪、自我表现欲、竞争与被评价意识等，纷纷参与转发和讨论。然后舆论开始慢慢升温，渐渐走向聚合，形成共振与共鸣，产生舆论波动。这是舆论事件的前期或者是酝酿期。

网上的舆论波动被某个媒体注意到并立即跟进，借题发挥“微言大义”，将这个小新闻与更广泛的问题或议题联系起来。其他媒体也不甘示弱地相继加入报道，这样，在不理性的媒体的争相炒作中，在与网民的互动与共鸣中，舆论升级，从而引发“雪崩”，开始了广泛的社会大辩论。这是舆论的爆发期。

从上述过程中可以看到，如果只有网民的讨论，往往不足以引发舆论风暴。而媒体的竞相加入和不理性报道，使网上舆论与社会舆论相互作用，相互影响，从而使网络舆论不断升温，导致舆论危机事件发生。

三　有组织的网络舆论操控

除了网络自身的特性、媒体的不理性，有组织的舆论操控也是导致舆论危机事件频发的一个重要因素。

1. 利益集团雇用“网络水军”制造舆论

“网络水军”是网络公关公司雇用的在网上发帖回帖造势的群体，他们通过集体炒作某个话题或人物，达到宣传、推销或者攻击某些人或产品的目的。这些受雇人员在网络推手的带领下以各种手法和名目，在各大互联网论坛上发帖，由于人数众多被形象地称为网络水军。除了利用网络进行炒作造势外，他们还使用诽谤、诬陷、抹黑等手段攻击竞争对手、编造轰动事件，不少网络事件都是网络水军在背后操纵策划的。如蒙牛公司员工伙同公关公司损害伊利公司商业信誉的诽谤事件，360 与 QQ 的大战，还有“贾君鹏，你妈喊你回家吃饭”等，都有网络水军的身影。

在新型城镇化过程中，一些极端分子或反政府组织往往会利用网络水军，借助某些社会矛盾、某一社会事件或热点话题，故意编造一些似是而非真假难辨的言论，影响网民的认知和判断，操纵舆论走势，引发舆论危机。

2. 敌对势力散布“虚假言论”操纵民意

互联网的便捷和舆论影响力也给境内外敌对势力带来可乘之机，他们利用互联网，制造矛盾，散布谣言，颠倒是非，混淆黑白，以达到反党、反国家、反政府、反社会、反体制的目的。他们经常借用的话题有：城镇化过程中拆迁户与拆迁方的矛盾，城市建设中的环境污染问题，城管执法过程中与流动商贩的冲突，一些执法部门和一些地方政府在处理社会矛盾时出现的失误等，他们通过炒作这些话题，再鼓动一批国内培植的所谓的社会公知、网络红人、意见领袖发表煽情言论，制造网络舆论危机事件。如 2004 年，北京网民向南夫由于对家庭拆迁补偿不满，他把材料发到境外网站“博讯网”上，并结识了这家网站的负责人韦某。韦某教唆向南夫在其网站上多发表一些“鸣冤叫屈”的文章，并给向南夫支付高额的稿费。随后，向南夫编造了大量诬陷政府和损害当事人的虚假文章，如中国政府活摘人体器官、活埋人，大批群众到联合国驻华机构外抗议，千余警察暴力征地，五月孕妇被当场打死，上访人员被打晕等。由于成绩突出，向南夫在 2012 年被授予“博讯网”北京站“高级记者”的身份，随时可直接登录该网站后台发布文章。向南夫编造的文章迅速被境内外媒体、网站大量刊发转载，在国际上造成了极为恶劣的影响。①

无论用什么形式借机说事，挑拨是非，目的只有一个，就是利用新型城镇化过程中错综复杂的社会矛盾，夸大社会的负面效应，用诋毁、抹黑、攻击的方式，制造社会与党和政府的不满情绪，否定现行社会制度和现行体制，达到乱党、乱政、祸国殃民的目的。一旦这种情绪被人利用，任何一个热点问题就可能成为社会动乱的导火索。

3. 海外媒体借助“民主自由”混淆视听

海外媒体往往打着“民主自由”的幌子，混淆黑白是非，抹黑中国，误导民众。如在拉萨“3·14”事件中，BBC 于随后的 3 月 17 日在其网站上刊登题为“藏人描述持续骚乱”的报道，报道上的照片本来是西藏当地公安武警协助医护人员将骚乱受伤人员送进救护车的场景，

---

① 《“高级记者”境外发文给国家抹黑》，《京华时报》2014 年 5 月 13 日第 9 版。

图中救护车上还有“急救”两个字。但报道所配的文字说明却是：“拉萨目前有大量军队。”更荒唐的是，美国福克斯电视台网站也刊登了图片，图片中明明是印度警察，却声称是中国军人把藏人抗议者拉上卡车。德国《柏林晨报》、RTL电视台也分别在其网站上张冠李戴，歪曲事实，试图利用图片的冲击力，抹黑中国政府。①

因此，在新型城镇化过程中，要警惕西方媒体打着“民主自由”的幌子，利用民众与政府的矛盾，煽风点火、造谣生事。

① 《外媒歪曲拉萨事件　中国网民自发反击》，《中国青年报》2008年3月26日第7版。

第 二 章

中国政府网络舆论治理存在的问题

第一节 对四川网络舆论治理的调查

为了全面了解当前中国政府在管理网络舆论中遇到的挑战和存在的具体问题，笔者以四川为个案，深入基层与管理者进行座谈，并以问卷调查的方式对普通民众进行了深入调研。

一是选取四川省内成都、泸州、宜宾、遂宁、巴中、广元、德阳、什邡 8 个市区县作为重点调查对象，与市县区党政机关、职能部门、媒体及企事件单位负责人进行了座谈交流，深入了解当前四川舆论调控面临的诸多问题和困惑。

二是在成都、泸州、宜宾、遂宁、巴中、广元、德阳、什邡等省内 8 市（州）、26 区县、26 乡镇（村）进行了问卷调查。本次调查采用分层抽样的方式，共发放 4000 份调查问卷，实际回收有效问卷 3694 份。其中，城镇问卷数与农村问卷数比例为 3∶2；成都市问卷数与单个市州问卷数比例为 5∶1；市州主要区域与单个下辖县级单位问卷比为 2∶1；所有调查男女比例大致保持在 1∶1，学历涵盖各个层次。调查对象涉及党政军及国有事业单位工作者（包括干部和普通工作人员）、私营企业从业者（企业管理者及白领，包括自由职业者）、学生（中学及以上）、基层体力劳动者（产业工人）、暂无职业者（包括离退休人员）以及媒体从业者共六类社会各职业阶层群体人员。主要从群众媒体使用量、媒体信赖度、政府与媒体关系、媒体公信力及各阶层对舆论调控现状的看法等多维度、多方面指标进行深入调查。

三是走访了省内主要网络媒体，了解他们对当前舆论调控现状及问题的看法。通过三方调研，对四川网络舆论调控体系面临的挑战及存在的问题有了全面深入的把握。

第二节　调查问卷分析与问题梳理

从调研的情况看，四川网络舆论管理目前存在的主要问题有：

一　重控轻调

网络舆论主要由省委宣传部设立的网络新闻宣传管理处进行管理。涉嫌违法的网络舆论则交由公安部门的公共信息网络安全处处理。在具体操作上主要是在政策导向的前提下，通过人工把关与技术控制相结合来进行。从目前来看，对网络舆论的管理存在“重控制轻调节”的倾向。对网络舆论的控制主要体现在：对网络信息源的控制、对网络链接的管理、对体制内网站的严格监管几个方面。

（1）在体制内网络媒体的监管上，主要采用传统媒体的管理方式，即上级主管部门通过传达一些指导性的政策及指示，用直接的行政命令进行管控。但是，这种传统的行政干预手段，往往对体制内的新闻网站起作用，对商业网站或社会化媒体却束手无策，其结果是：主流新闻网站噤声失语，将报道话语权拱手出让给商业网站或社会化媒体，最终导致地方政府处于舆论引导的被动局面。

在问卷调查中，认为“需要改变媒体管理体制”的，基层群众占18%、党政机关及国有企事业单位工作者占24%、私营企业从业者占23%、媒体从业者则达到34%（见图2—1）。

（2）在网络信息源控制上，四川各级政府新闻办公室对非媒体网站发布网络舆论信息进行资格审查，对有问题的IP地址与不良信息源进行封堵，以防止有害网络舆论信息的进入。

（3）在技术控制上，各地采用了多种网络舆论监管技术，主要有

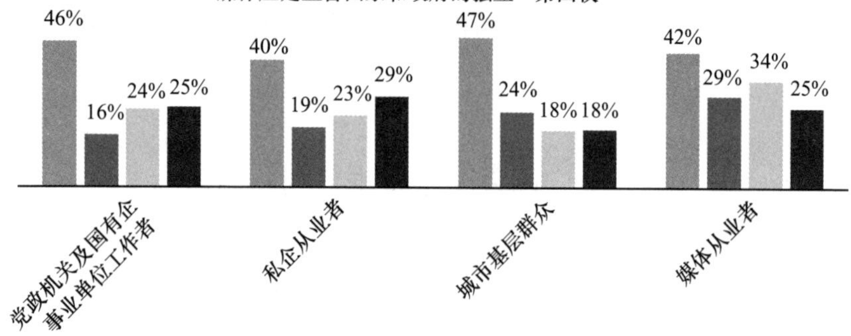

图2—1 “媒体管理体制机制”调查

网络身份认证、过滤技术、阻止信息进入等方式。各地网络新闻宣传管理处设置一个内存庞大的搜索引擎终端，重点对其管辖区的网络舆论进行全面的监控。各网站又备有专门的网络管理人员对其网站的舆论内容进行全天候的监控，及时发现问题及时通报与处理。

但是，舆论控制是一种消极应对的方式，是一种单向的、外在力量的强加和制约，容易导致社会抵抗情绪的出现。舆论控制的力度越强，说明社会的气氛越紧张，社会压力越大，社会就会慢慢失去活力。更重要的是，在网络时代，这样不仅不会缓解社会矛盾，反而会激化矛盾的扩散和舆论态势的蔓延。

二 多头管理

多头管理体现在三个方面：一是管理部门多。这种多头管理的模式，看似组织严密，管理执法全面，但是在实际运行中，受管理理念的影响和部门利益的驱使，各管理主体各为其政，无法做到责权利的统一和明确，导致职能重叠、管理混乱。二是“党委、政府”两条线。在对网络媒体的领导和管理上，中央是宣传部、国信办两条线，各省市区也是分管新闻的副部长、外宣办两条线，这样的管理方式使指挥不统一，标准不一致。三是“管事、管人”两张皮。在记者的管理上，新闻出版局没有给网络记者颁发正式的记者证，这在一定程度上造成了记者监管的难度，而且，宣传部门和新闻出版局对记者的管理是分开的，宣传部门管事不管人，新闻出版局管人不管事，这样的管理体制使新闻出版局不能及时发现问题，而宣传部门发现了问题又不能处理，导致管理的低效。

在对四川省网络舆论调控的问卷调查中，认为网络舆论调控存在“多头管理，监管乏力”的，党政及国有事业单位工作者占55%、私营企业从业者占47%、媒体从业人员占45%（见图2—2）。

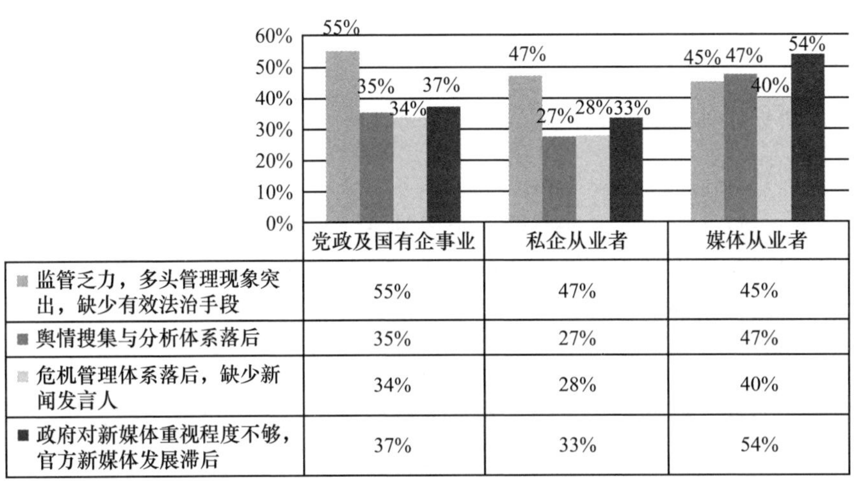

	党政及国有企事业	私企从业者	媒体从业者
监管乏力，多头管理现象突出，缺少有效法治手段	55%	47%	45%
舆情搜集与分析体系落后	35%	27%	47%
危机管理体系落后，缺少新闻发言人	34%	28%	40%
政府对新媒体重视程度不够，官方新媒体发展滞后	37%	33%	54%

图2—2　四川省网络舆论调控调查

三　单兵作战

在网络舆论众多的调控主体中，由于关系没有理顺，导致舆论调控主体间无法协调配合，形成单兵作战、各自为政的局面。

一是宣传部门和政府的关系没有理顺，无法形成“党委主导、政府配合”的调控机制。宣传部门作为舆论调控的核心，应该起主导作用，而政府则作为执行机关应配合积极进行舆论引导和解决舆论危机事件。但由于基层宣传部门未能纳入重大突发性事件应急指挥体系，宣传主管部门往往无法及时了解事实真相，不能制定及时有效的应对策略和化解舆论风险，专业优势无法发挥。而地方政府为了政绩，常常隐瞒事实，掩盖真相，而且舆论引导能力又存在不足，导致舆论调控效益不高、效果不好。如在什邡钼铜事件中，德阳市委宣传部没有纳入应急指挥体系，而政府部门又缺乏处理经验，错过最佳时机，致使事件恶化升级。

二是政府和媒体关系没有理顺。新闻媒体作为舆论调控体系的前沿阵地，应按照舆论调控的具体措施，传播政府声音、报道事实真相、引导社会舆论。但由于政府和媒体关系没有理顺，导致新闻媒体在舆论调控中没有发挥应有的作用。政府和媒体的关系，其一是“合作的伙伴”关系，其二是“监督和制约”的关系。但在舆论调控体系中，没有明确界定政府和媒体的关系，也没有明确政府部门的权限和职责，加上很多基层政府部门领导怕媒体、躲媒体、烦媒体、应付媒体的做法较突出，这直接导致在重大突发事件中出现与媒体配合不积极，不能及时公开地协助媒体进行报道的现象，导致不实信息四处传播，给舆论调控带来负面影响。

三是行业协会与党委政府关系没有理顺，调控作用非常有限。媒体行业协会是舆论调控体系的重要力量，它协助党委宣传部门和政府管理部门对新闻从业人员进行职业培训、准入资格测试等，从根本上提升采编队伍的舆论引导能力。但目前记协、互联网协会等行业组织由于行政化倾向明显、职能定位不清、赋予职权不够，没有发挥应有的作用，媒体的协调监管全部由宣传部门承担，一方面造成宣传部门工作过于繁重；另一方面造成宣传部门、政府直接面对媒体，没有缓冲和调节的余地，造成党委政府和媒体关系较为紧张。

四 手段落后

目前，四川省网民 2562 万，备案网站 13.2 万家，接入网站 8.8 万家。具有一类新闻资质网站 5 家，二类新闻资质网站 1 家，三类新闻资质网站 121 家，具有新闻资质的网站地方分频道 7 家，网络整体发展较快。但从实地调研和访谈中了解到，由于网络舆论调控手段落后，舆论传播乱象突出。

一是网站新闻采访与发布不规范。目前，新闻网站媒体从业人员素质普遍偏低，把关能力明显不足。同时，由于没有采访权，在残酷的新闻竞争中，为了抢时间，部分网站没有核实新闻的来源和真实性，就转播二手信息，导致新闻报道的真实性与权威性下降。

二是地方网络论坛管理难度大。目前中国正处于社会转型期，各种社会矛盾积聚，群众的权利意识日益高涨，而政府对舆论的过度反应客观上助长了一些人通过网络舆论向党和政府施压的心理。一遇到问题，总希望通过网络把事情闹大以获得快速解决。加之对商业网站、网络论坛、社交媒体缺乏有效管理，导致网络论坛情绪性、极端化、攻击性言论及网络谣言频发，成为舆情多发地。

三是对网络言论的引导和规范不够。部分商业网站责任意识不足，为了追求点击率，吸引受众眼球，故意策划一些引人注目、匪夷所思的色情暴力议题，追求刺激，大肆炒作，网络言论屡屡突破道德底线与法律界线。

在对网络舆论调控体系存在的问题中，认为舆情搜集与分析体系落后的，党政及国有企事业的占 35%、私企从业者占 27%、媒体从业者占 47%；认为危机管理体系落后的，党政国有企事业者、私企从业者、媒体从业者分别为 34%、28%、40%；认为媒体从业人员素质亟待提高的分别为 58%、49%、37%（见图 2—3）。

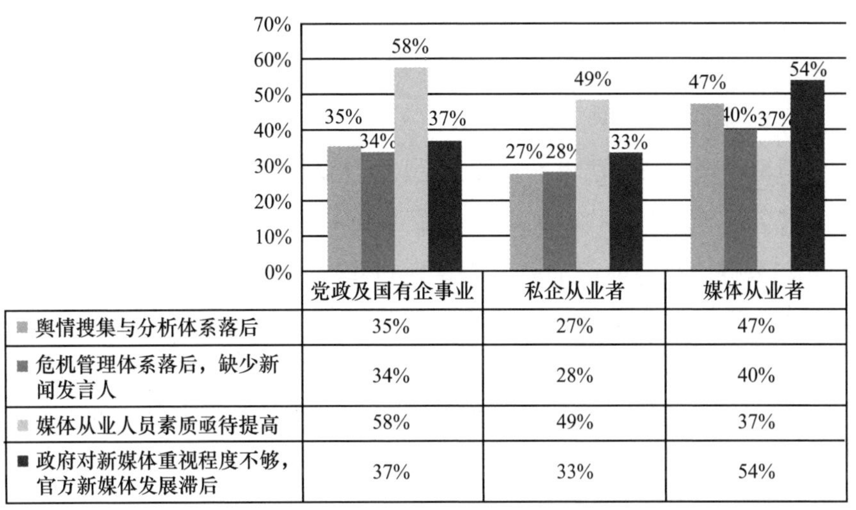

	党政及国有企事业	私企从业者	媒体从业者
■ 舆情搜集与分析体系落后	35%	27%	47%
■ 危机管理体系落后，缺少新闻发言人	34%	28%	40%
■ 媒体从业人员素质亟待提高	58%	49%	37%
■ 政府对新媒体重视程度不够，官方新媒体发展滞后	37%	33%	54%

图 2—3　网络舆论调控体系中存在的问题调查

五 法律不全

对于互联网的信息发布和言论表达，国家先后出台了 80 多部法律条文来规制和保护，但这些法律法规在具体内容上还存在一定的缺陷。

（1）表达过于简单粗略。与信息发布有关的法律法规中，不同程度地存在语焉不详、界限模糊、表述不一致的问题，缺乏可操作性，给执行带来较大的困难。

（2）缺乏权威性。在这些法律条文中，真正属于“法律”级别的专门网络立法只有 2000 年 12 月全国人大通过的《维护互联网安全的决定》，其他 80 多部均是国务院及各相关部委颁布的一些行政法规和部委规章，颁布主体混乱，没有上升到国家法律高度，导致这些法律法规缺乏权威性、系统性和协调性。

（3）存在法律空白。利用信息发布的匿名性，部分网民在网上谩骂诽谤、发泄私欲，使网络成为人身攻击的场所。对于这类行为是否构成犯罪，情节严重的标准，网络侵权应承担的责任等都没有统一规定，存在法律空白，使司法机关无法可依。

首选媒体是公众日常媒介生活中优先认可的媒体，是“舆论调控”阵地的“最前沿”，具有强大的传播力和影响力优势。问卷调查显示，网络媒体已成为多数人的首选媒体，尤其是在“党政机关及国有企事业单位工作者”及“媒体从业者”两类人群中，均超过 50%，远高于其他媒体（见图 2—4）。

但由于现有法律法规不完善，互联网上网络谣言、网络暴力等失范现象经常出现。“党政机关及国有企事业单位工作者”及“私企从业者”两类群体对当前网络谣言的管理和处置不甚满意，表示要“严惩造谣者，采取刑事手段从重处理”的呼声很高，分别为 46% 和 36%。同时两类人群中也有超过 30% 的人认为，应该“严厉追究相关媒体责任”及“媒体集体行动，澄清事实”。认同“保持现有力度”的人分别只有 7% 和 6%（见图 2—5）。

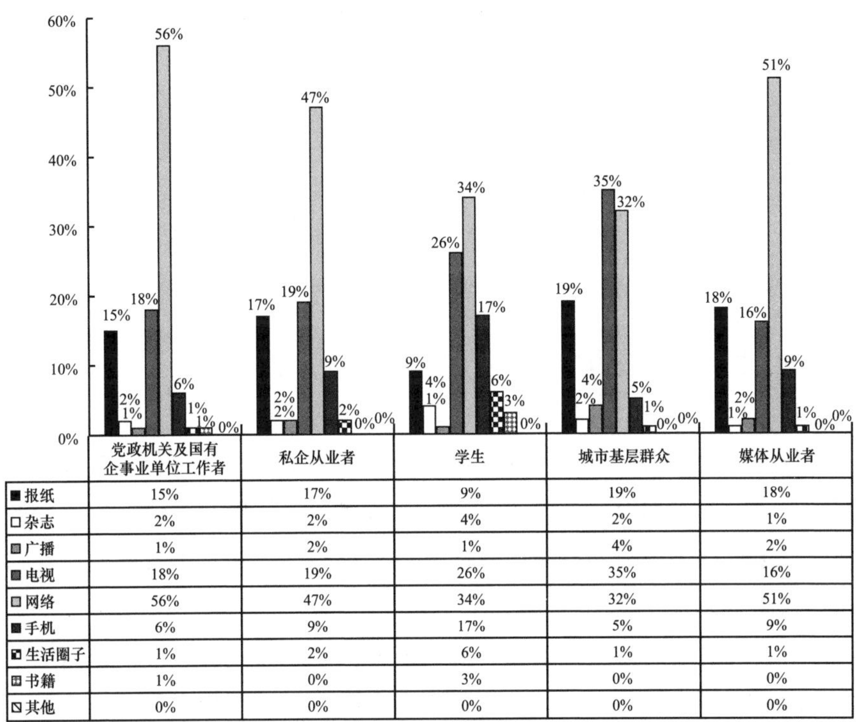

	党政机关及国有企事业单位工作者	私企从业者	学生	城市基层群众	媒体从业者
报纸	15%	17%	9%	19%	18%
杂志	2%	2%	4%	2%	1%
广播	1%	2%	1%	4%	2%
电视	18%	19%	26%	35%	16%
网络	56%	47%	34%	32%	51%
手机	6%	9%	17%	5%	9%
生活圈子	1%	2%	6%	1%	1%
书籍	1%	0%	3%	0%	0%
其他	0%	0%	0%	0%	0%

图 2—4　各职业群体首选媒体调查

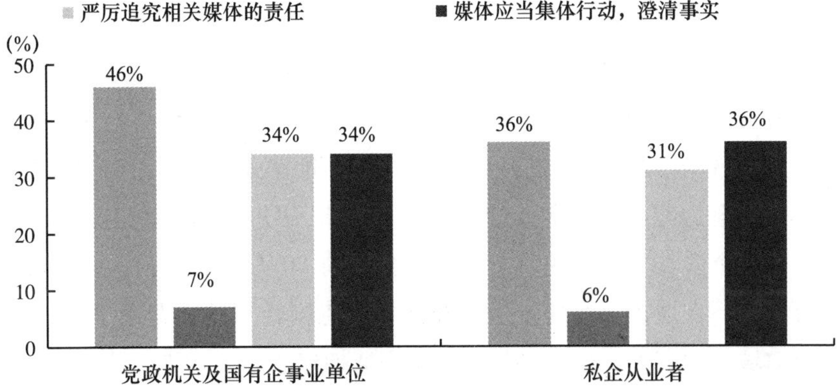

图 2—5　网络谣言管理与处理调查

第三节 网络舆论危机的影响与危害

网络舆论危机是网络时代政府经常遭遇的一种危机，而新型城镇化的过程又是矛盾多发的过程，政府更容易面临舆论的监督。如果政府在日常工作中不重视网络舆论，网络舆论发生时又处理不当，政府就会陷入网络舆论危机。

一 损害党委政府形象

政府形象是指社会公众对政府客观实在的认知和评价。它既包括政府本身的执政能力、整体素质、办事效率等，也包括社会公众对政府执政的理念、水平以及公共政策制定等行政行为的认知与评价。所以，政府形象不仅仅是政府本身做了什么，更重要的是公众对于政府的所作所为感到满意。

由政府主导的新型城镇化，规模庞大，涉及的人口众多，会面临着诸多问题和矛盾。首先，城镇化是教育程度较低，科学文化素质较低的落后地区农民向城市迁徙的过程，在这个迁徙过程中，如何让大量的农民能够在他们就业的城市安居下来将是政府面临的最为棘手的问题。

其次，城镇化也是产业结构从农业经济转向以工业经济、服务经济为核心，社会结构从农村社会向城镇社会的演进过程。在前 30 年的城镇化过程中，四川每年有几十上百万人口迁移进城，而这些迁移人口并没有享受到城镇居民的基本公共服务。他们没有享受到城市基本公共服务，就会形成长期的两地就业和居住的行为，把大量的消费行为转到农村，内需带动不起来。同时，他们这样一种钟摆式的流动，对交通的压力、对社会的冲击是非常大的。今后 20 年，四川城镇化率仍有可能每年提高 1 个多百分点，这就意味着每年将有 80 万左右农村人口转化为城市人口。在城市化快速推进、经济社会急剧转型的大背景下，人口、产业向城市的高度集聚，必然会带来交通拥堵、环境污染、住房难、上学难、看病难、“贫民窟”显现等“城市病”。这些城市病将给城市居民带来不少的困扰，也给政府的管理带来极大的压力。

因此，四川的各级党委政府在新型城镇化过程中，既要解决过去城镇化人口数量型增长遗留的种种问题，还要面临新型城镇化质量型增长的各种压力和矛盾。如果党委政府不能科学统筹地做好规划，不能行之有效地解决好城镇化中的这些矛盾，在网络社会里，网民必然会借助互联网这一平台对党委政府的行为进行负面评价。而一些地方政府不仅执政能力比较薄弱，危机处理能力也不强。平时对舆论不关注、不关心，危机发生时，又不知如何应对，只知道采取删帖、屏蔽等传统压制手段。在传播渠道众多的即时网络时代，“堵”是堵不住的，反而会加剧网络谣言、小道消息等在社交平台的广泛传播，严重损害党委政府形象。

二　造成公共决策失误

近年来，许多公共事件，特别是突发事件，都是网络率先发难，然后传统媒体跟进，形成强大的舆论态势，进而影响政府行为和公共决策。的确，网络舆论有利于政府决策的科学化、民主化，也使得一些久未解决的问题迅速得到了满意的解决。但是，网络舆论对政府的公共决策也有负面作用。由于网络的快捷性和匿名性以及网民的非理性，一些不负责任的言论会使网络舆论产生偏差，影响公众认识和政府决策。

在新型城镇化过程中，由于社会结构的调整，必然会损害一些人的利益，当这些受损利益不能得到满意解决时，有些人会产生焦虑、不满的情绪，于是把网络这个“虚拟”的世界作为不良情绪的宣泄空间，发表和散布一些不合实际、不负责任、片面、偏激、个人主义色彩浓厚的言论，这些言论借助网络迅速蔓延，一传十，十传百，越传越偏离事实真相，导致情绪化的舆论一发而不可收拾。如不迅速对被误解了的事实进行澄清，对情绪化的舆论进行疏导，那将会煽动起更多不明真相的公众的非理性情绪。而这些非理性情绪往往会被一些别有用心的敌对势力利用，成为其实施心理战的手段。他们暗中雇用一些写作“枪手”和网络黑客，在网上煽风点火，蛊惑一些不明实情的人，散布消极情绪，影响网络舆论走势，给政府施加压力。如果政府不能正确判断舆论信息的真假，无法及时有效地应对舆论危机，则往往会落入圈套，造成公共决策的失误。

三 阻碍城镇化进程

四川省统计局发布数据显示，2013 年末，四川常住人口 8107 万人，其中，城镇人口为 3640 万人，城镇化率为 44.90%，城镇化水平在全国位居 24 位。[①] 而且，从四川各地区城镇化的实现程度看，地区间的城镇化水平差距较大。因此，今后四川的城镇化压力比较大，需要保持较高的增速才能达到全国平均水平。

快速城镇化是四川今后一段时期的典型特征，但随着城镇化进程的加快，社会结构深刻变迁，社会阶层结构分化严重。结构性的变化对人们的心理冲击很大，尤其是大量农民进城后，发现找不到稳定的工作，买不起房子，生活艰辛。与原本居住在城里的富人阶层相比，会产生相对剥夺感和不公平感，社会心理失衡加剧，不满情绪日益强烈，当这种情绪达到极限，就易产生对立，造成关系紧张。这些底层群体既不能融入城市，又缺乏竞争和上升流动的机会，而且由于制度性原因成为获利较少甚至是绝对的利益受损群体。他们会把自己的不幸归咎于城镇化，并利用网络发泄他们对城镇化的不满。对城镇化的负面评价，也使得城镇化中的任何一个微小的失误或事件，便成为引发社会冲突和风险的导火线，从而影响城镇化的有序推进和良性发展。

四 影响社会安定团结

四川在高速城镇化的进程中，圈地现象、恶性拆迁、环境污染等问题，都会对城乡社会政治稳定产生不同程度的不良影响。尤其是土地和拆迁问题，成为社会冲突的“痛点”和“引爆点”。土地是农民的“命根子”，土地问题不仅涉及巨额经济利益，而且事关农民的生存生活方式，因此关于土地的争议更具有对抗性和持久性。还有一个重要原因，当前的征地拆迁不是依据公开、透明的法律来执行，而是采用强制的行政占用方式。农民市民没有利益表达的合法渠道，在土地买卖和拆迁补

① 资料来自四川省统计局。

偿过程中处于弱势地位，既不能决定卖与不卖，也不能与买方平等交涉价格。所以只有采取上访、自焚等方式来增加交易成本，影响土地和房屋的补偿价格。随着城市化的推进，城市房屋拆迁中的冲突和纠纷还会不断出现，各地的强拆、血拆前仆后继，正在成为市民维权的主要发生领域和社会冲突的不稳定因素。

其中，县域社会的矛盾冲突尤其值得警惕，根据调查，当前群体性事件大多都发生在市级以下的县域社会。如 2008 年的贵州瓮安事件、2009 年的湖北石首事件、2010 年的湖北宜黄事件、2012 年的重庆万盛事件、2014 年的云南晋宁事件，都是发生在县级领域。皆由于县域把城镇化作为当地经济发展的重要战略和抓手，在实施城镇化的过程中，只顾招商引资而忽略了民众的利益，从而使基层官民矛盾日益严重。

第 三 章

网络舆论治理的世界经验与启示

网络舆论是世界性的难题，为了有效提高四川网络舆论调控的水平，我们还需考察和借鉴国外网络舆论管理的经验。

第一节　国外网络舆论的治理手段与措施

目前国外有代表性的网络舆论管理手段有四种：一是政府立法管理，二是技术手段控制，三是网络行业与用户自律，四是市场机制的调节。由于每一种管理手段既具有一定的优势，又都带有明显的局限性，所以很多国家一般以一种方式为主，同时辅以其他多种方式进行管理。

一　韩国的网络实名制

韩国的网络实名制始于 2005 年 9 月，为此，韩国信息通信部举行了听证会，提出在大型门户网站推行有限实名制。规定用户在这些网站的留言板上发表回复时，有义务使用真实姓名。但韩国的实名制是后台实名，就是用户在后台注册登录时使用真实的姓名和身份证号，但在前台发布消息时，可以使用化名。2006 年，韩国政府着手制定《促进使用信息通信网及信息保护关联法》修正案，决定扩大涉及网站的范围。2007 年，韩国正式推行网络实名制。要求日均页面浏览量在 30 万人次以上的门户网站和日均页面浏览量在 20 万人次以上的媒体网站，引入身份验证机制，共有 35 家。从 2009 年 4 月起，网络实名制的应用范围扩展至日均页面浏览量超过 10 万人次的网站，共计 153 家。然而，2011 年 7 月，韩国门户网站 Nate 以及社交网站“赛我网”遭黑客攻击致约 3500 万名用户的个人信息外泄，这次事件后，韩国政府表示将逐步废止网络实名。2012 年，网络实名制被判违宪而被废除。①

二　英国的多元治理

英国是较早使用互联网的国家，但英国对网络的管理比较晚，始于 1996 年，主要由英国网络服务提供商自发成立的网络监管基金会来管理。管理的手段主要是行业自律，同时辅之以法律和政府管理。法律主要是打击网络色情，通信办公室是打击非法网络信息的，它代表政府负责给行业提供指导和建议。

网络监管基金会主要采用自律手段进行管理：一是鼓励网民通过网络热线举报涉及儿童色情、种族仇恨和其他淫秽内容的网址；二是制定并落实行业规范；三是鼓励服务商自愿对其网站内容进行分级和过滤，这样，家长、老师和其他对孩子负有责任的人就可以防止儿童接触网络上那些非法和淫秽的内容；四是进行网络安全教育。这四种自律方式同时使用，对管理英国本土的非法内容，特别是与儿童色情有关的内容非常有效。网络监管基金会如今在英国已被公认为是打击非法网络信息的“网络警察”和“政府的看门狗”。在基金会的努力下，英国在网络管理方面走在了世界前列。②

三　新加坡的审查制度

新加坡也是互联网使用较早的国家，网络普及率很高，政府认为网络是重要的战略阵地，对国家和社会十分重要，因此，政府是网络管理的主导者，并一开始就制定了严格的管理制度。

---

① 《网易〈见证〉44 期：韩国网络实名制兴废始末》，2013 年 3 月 2 日（http：//www.360doc.com/relevant/685936127_more.shtml）。

② 《借鉴国外经验净化网络环境》，2012 年 12 月 17 日（https：//wenku.baidu.com/view/f7c8b688680203d8ce2f-2435.html）。

新加坡最初把互联网当作广播服务看待，归新加坡广播管理局管理。1996 年，新加坡颁布了《广播法》和《互联网操作规则》。《广播法》划分了互联网管理的主体范围，制定了分类许可制度。而《互联网操作规则》详细规定了互联网服务提供者和内容提供商应该承担自我审查内容或者配合政府要求的责任。除了这两部基础性法规，新加坡政府还将《国内安全法》《煽动法》和《维护宗教融合法》等传统法律延伸到互联网领域，共同打击危害国家和社会安全的行为。广播管理局会定期对网络服务提供商进行内容审查，凡是法律禁止的内容必须删除。2003 年 1 月，新加坡广播管理局、电影与出版物管理局和新加坡电影委员会合并，成立了新加坡媒体发展局。新加坡媒体发展局成为互联网的主管机构。在加强立法执法和对从业者严格管理的同时，新加坡媒体发展局也鼓励行业自律，并加强对青少年和家长的教育。①

四 美国的选择性限制

美国是全世界网络管理最宽松的国家之一。最初，美国民众普遍认为网络社会的管理应当靠自律和市场。但随着互联网的快速发展，网络色情、黑客攻击、知识产权侵犯等问题逐渐增多，大多数美国民众认识到，政府必须介入互联网管理，并制定相应的法律法规来打击违法行为。法律是美国管理互联网的最主要手段，先后制定了《联邦计算机系统保护法》《联邦禁止利用计算机犯罪法》《计算机安全法》《电子通信隐私法》《全球电子商务政策框架》《域名注册规则》等与互联网有关的法律法规。② 尽管法律众多，但美国的法律对互联网的限制是选择性的，比较宽松，法律首先强调个人发表意见的自由，但侵犯国家利益和他人名誉权的，必须承担法律责任。

---

① 《新加坡严格网络管理维护社会稳定》，2012 年 12 月 25 日（http：//news. ifeng. com/gundong/detail_2012_12/25/20484555_0. shtml）。

② 《美国：立法管理互联网的先行者》，2012 年 6 月 9 日（http：//news. sohu. com/20120609/n345176557. shtml）。

五　越南和缅甸的控制政策

由于越南政府许多官员认为互联网会降低政府控制公共信息的能力，威胁到国家安全，因此，越南是东南亚网络管理最严厉的国家之一。政府管理部门随时对网络舆论内容进行监控，凡转载新闻、讨论时事热点，均可能被视为违法。除了制定严格管理网络的法律法规，越南政府还加大力度处理大批在网上讨论政治的人士和线下的社会运动分子。

比起越南，缅甸对互联网的控制更加严厉。2000 年，缅甸第一次建立了互联网的链接，但军政府使用多种软件过滤技术，对国民在上网时可接触的内容进行了层层限制，凡是可疑、敏感的词汇都被设置了过滤或屏蔽。军政府动用了许多严厉的互联网监管手段，如软件审查、基础设施、技术限制、法律法规、大额罚款、威胁恐吓、起诉审判、长期监禁等。而且所有对互联网审查制度的规避方法都被视为违法的。每当国内发生政治上敏感的事件，军政府就会完全关闭互联网链接，只有国有控股的互联网服务供应商偶尔可用宽带上网。而且互联网链接费用极高，大多数本地居民根本无法承担，所以缅甸的网络用户很少。①

第二节　国外网络舆论治理的启示

一　政府作为网络舆论治理的主体之一，必须平衡各方利益

从各国的情况来看，政府作为网络舆论管理的主体之一，都在积极介入网络舆论的管理。虽然有的国家如美国、加拿大等国家的社会组织、媒体认为，政府对网络舆论的控制触犯了宪法对公民言论自由权的保护。但作为政府而言，出于对保护儿童网络安全、阻止恐怖活动、控制网络犯罪、限制商业不正当竞争等的考虑，对网络舆论进行控制与管理是自己义不容辞的责任与义务。只是各国根据自己的国情，采取了不

① 《缅甸的网络管理》，2007 年 9 月 22 日，新浪博客（http：//blog. sina. com. cn/s/blog_5379372101000c0c. html）。

同的管理模式和手段，有的比较严格，有的则比较宽松。中国有自己的媒体管理惯例，实行党管媒体的原则，政府、网信办在各级宣传部门领导下开展网络管理的具体工作。但无论采用何种模式何种手段，作为管理部门，必须平衡各方的利益，既保持网络言论的理性、有序，又要保护广大网民的自由，还要确保网络产业的繁荣发展。

二 从网络管理向网络治理转变是世界性趋势

纵观世界各国对网络舆论的管理，凡是对网络舆论实行严格的控制的国家，效果都不理想，如韩国的实名制以失败告终，中国在2000 年开始推行的实名制效果甚微。越南缅甸的强力控制不仅让国内民众对政府产生强烈的不满，而且严重影响了网络产业的发展。而英国、加拿大、美国等提倡采用市场调节、行业用户自律以及法律手段进行治理的国家，其网络舆论管理走在了世界前面。对网络舆论进行严厉控制的国家，都是采用了传统的管理方法，而对网络舆论实行宽松的管理政策的国家，则采用了现代的治理方法。传统的管理思维体现的是政府的监督功能，政府是绝对主体，甚至是单一主体，采用的是自上而下的管理模式，手段多数是强制性的内容审查和控制。而治理思维体现的是政府的服务功能，强调多主体在自律性的网络环境中共同协商、共同治理，采用的是自下而上的模式。虽然目前中国的国情决定了还无法做到完全放弃传统的管理方式，但党委和政府正在尝试探索多主体治理方式。

三 多手段调节是世界通行的做法

由于网络舆论的复杂性以及各种管理手段自身的局限性，单一手段难以实现对网络舆论的有效管理。受各国媒体管理惯例、市场运行机制、政治文化传统等诸多因素的影响，世界各国形成了差异化的管理模式，但网络发达的国家一般都采用了多种手段对网络舆论进行调节。如美国的网络管理主要以法律手段为主，但市场调节、行业自律也是其主要的调节手段。新加坡虽然实行了比较严格的网络管理，但采用的也是多元化管理手段，除了法律和行政管理，还鼓励行业自律以及对网络用户的教育。加拿大主张以市场调节和行业自律为主，但对非法信息还是按法律来制裁。所以，多手段调节是世界各国的通行做法。中国的网络管理实行的也是多种调控手段，但必须改变政府管理以行政管理为主的方式，主要采用法律手段进行管理，并辅助之以行业、用户自律。

第四章

新型城镇化下政府网络舆论治理的优劣势分析及其体系构建

第一节　新型城镇化下政府网络舆论治理的优劣势分析

SWOT 分析法又称为态势分析法或策略分析方法，就是将与研究对象密切相关的各种内部优劣势和外部的机会、威胁等依据矩阵形式排列，然后对其进行综合评估分析。SWOT 分别代表优势、劣势、机会和威胁，SW 是内部因素，OT 是外部因素。运用 SWOT 分析方法对当前政府网络舆论调控的优势和劣势、机会和威胁等因素进行综合分析，可以对相关管理部门所处的情境有一个更全面、客观的认识，并为政府网络舆论管理策略提供参考（见表 4—1）。

表 4—1　　政府网络舆论管理优劣势分析

S 优势	W 劣势
1. 掌握公权力	1. 基层组织建设滞后
2. 掌握主流媒体	2. 从业人员舆论应对能力差
3. 获取信息便捷性	3. 缺乏动态的网络舆情监测评估体系
4. 执政理念和态度的转变	4. 政府工作人员认识不足

续表

O 机会	T 挑战
1. 舆论群体相对松散 2. 网民逐渐成熟 3. 实名制等管理措施的出台 4. 网络评论员制度与网络新闻发言人制度的建立	1. 网络推手、网络枪手等利益集团的存在 2. 微博等社交网站的发展 3. 网络视频和图片的传播 4. 西方敌对势力的渗透 5. 社会消极不满情绪的存在 6. 主流媒体的公信力下降

一　优势

把握利用好自己的优势，是政府进行舆论调控的关键。党委和政府部门在网络舆论调控中的优势具体体现在几个方面。（1）当前中国各级政府部门都树立了网络执政的理念，据新浪微博联合人民网舆情监测室发布的《2017 年上半年人民日报・政务指数 微博影响力报告》，截至 2017 年 6 月 30 日，经过新浪平台认证的政务微博达到 171411 个。与一季度相比，政务微博活跃度显著提升。公职人员微博影响力也上升较快，越来越多的党政机构和公务员上网、建立微博，为政府与公众的沟通打下了基础。（2）党委和政府拥有主流媒体和宣传机构，与非主流媒体相比，主流媒体拥有较强的影响力，中国实行党管媒体，宣传部门可以主动利用，对网络舆论进行积极的引导，主动设置议程。（3）政府对网络社会的管理具有合法权，可以制定相关法律法规和政策对网络行为进行管理和规范，对危害社会稳定和安全的行为具有执法权。（4）政府拥有丰富的人力、物力资源，现在各级宣传部门和政府都成立了专门的舆情信息部门，可以对网络舆情进行全面系统的监测，很容易获得全面的信息，可以充分利用政府与民间的信息不对称，有力引导舆论。

二　劣势

在调研中发现，由于优势没有发挥好，各级党政部门在网络舆论调控中也存在一些劣势：（1）虽然各地都建立了舆情信息机构，但是相互之间在体系和责任仍然没有厘清，在一定程度上影响了舆情工作的积极性和效果。（2）由于基层干部对网络舆情认识不够，再加上应对网络舆论的能力不足，无法准确把握舆情的发展规律，在对网络舆情处理过程中，也反应滞后或应对不力，导致舆论再次升温或“次生灾害”的产生。（3）网络舆论的应对多是停留在“先发生后管理”的阶段，缺乏必要的舆论引导机制，以致舆论发生后的应对多是一种应急管理。（4）政府缺乏网络舆情动态监测评估体系，也缺乏对网络舆情的社会影响的评估机制，因而对网络舆论的发生很被动，也无法正确把握网络舆论的规律和特点，对各方的应对态度和能力也无法进行合理的评价，不利于党委政府能力的提高。

三 机会

机会是一种潜在的机会和能力，具有两重性。如果党委政府能够有效把握和利用，机会就可能转化为一种优势。当前中国党委和政府网络舆论调控的机会有：第一，从网民来看，虽然网民数量庞大，但是比较松散，多数处于围观状态，他们的注意力很容易转移，而且，经过几年的发展，网民也渐渐在成熟，如果政府引导得当，一些过激的情绪也能回归理性；第二，网络评论员制度和新闻发言人制度的建立，也为网络舆论调控打下了基础；第三，实名制的试用和推广以及相关管理措施的出台，给网络舆论应对提供了可能性的保障。

四 挑战

当前，中国各级党委和政府在网络舆论调控中面临着较多的挑战：一是当前社会负面情绪的普遍存在，尤其是仇官情绪严重，人们对政府已经形成了比较负面的刻板印象，在短时期内很难消除，给政府的舆论引导和调控带来较大的困难；二是网络推手、网络枪手以及大量水军的出现，成为网络舆论的幕后操控者，这些群体又具有极大的隐蔽性，给政府的监管带来难度；三是微博、微信等社交媒体不断发展，它们的组织动员能力极强，往往成为网络舆情和群体性事件的发源地；四是西方敌对势力把互联网作为意识形态斗争的重要阵地，不断地进行网络渗透和攻击。这些都对党委和政府的网络舆论调控带来严峻的挑战。

第二节 新型城镇化下中国网络舆论治理体系建设策略

针对当前网络舆论治理存在的问题以及对网络舆论治理环境的SWOT分析，未来中国的网络舆论治理体系的建设主要分为两个方面，一方面是政府要完善自上而下的传统管理模式；另一方面是逐步建构起自下而上的多主体治理模式。

一 完善自上而下的传统管理模式

1. 建立职责清晰的指挥架构

在网络舆情高发的城镇化过程中，必须加强党对互联网工作的领导，着力构建党委统一领导、宣传部门牵头抓总、互联网信息办公室具体负责、相关单位协调配合的有力有序有效的领导体制，强化网上舆论工作的统筹能力、管理能力和话语能力。建立职责清晰的指挥架构，形成统一高效的舆论调控指挥体系。具体包括四个方面的内容：首先，党委作为最大的管理主体，要从执政党执政兴国的战略高度着眼，从有利于党对新闻媒体的领导、有利于新闻事业的发展、有利于新闻媒体党的喉舌功能的发挥着手，主导舆论管理。其次，党委宣传部门要巩固主流媒体作为舆论主阵地的地位，要管导向、管干部、管资产，并支持主流媒体的发展和人才建设，并在应急指挥上，发挥党委宣传部门的统筹作用。再次，政府作为实施主体，要改变当前政府面对舆情怕、躲、捂的现状，积极参与舆论调控体系。在突发事件中，政府既要处理事件，又要配合党委政府实施引导。在日常舆论引导中，政府应配合党委的舆论调控的理念实施调控，并与媒体合作，及时回应媒体的信息需求和报道需要，通过制定舆情收集、研判、回应机制，主动参与舆情事件处置。最后，行业部门及组织要服从舆论调控目标的大局，配合党委政府、配合主流媒体，形成统一的舆论调控指挥体系。

2. 建立快速反应的综合机制

（1）建立网络舆情收集机制

及时、准确、全面掌握网络舆情信息，是舆论调控的第一步。因此，政府需要建立科学合理的机制，采用便捷、有效的科学方法，形成一套网络舆情收集、高速汇总的工作体系。

第一，要建立舆情信息收集队伍，指定专职或兼职人员负责网络舆情的收集工作。可以在一些大的网站和知名度较高的论坛设立网络舆情监测员，随时了解网民意见，掌握网络动态，一旦发现网络群体性事件的苗头就迅速反应，将信息及时反馈给相关部门，提醒其提前预警，采取应对措施。

第二，要采用科学的方法进行舆情收集。首先，对日常的舆情进行持续收集与跟踪，建立日常的舆情信息库，总结长期性、全面性的规律和特点。其次，对突发事件进行针对性、阶段性的收集，为突发事件的处置和信息沟通提供依据，直到突发事件的处置和应对工作结束。再次是在重大活动、节庆期间进行专门的舆情收集。每年的春节、“两会”、国庆等重大政治事件、重大节庆以及本地的重大活动，不仅事件本身容易引发关注，活动过程中也容易引发新的舆情，因此，需要专门收集。收集舆情的手段，有人工的，也有借助信息技术进行自动收集的，还有二者结合的，究竟采用哪种手段，要根据各个部门的人员、资金和技术力量决定。

第三，要建立舆情汇总机制。面对海量的舆情信息，仅凭舆情监测员的力量是很有限的。必须整合、协同本地区、本部门的集体力量，整合新闻宣传员、通讯员、信息员等多种力量，建立纵向到底，横向到边的网络信息收集、汇总机制。在立足自身，充分挖掘系统、组织内部的同时，政府职能部门、新闻宣传部门、网络管理部门还可以联合科研机构组建专业的舆情收集和研判机构，定期提供舆情日报、周报、专报、月报、季报、年报等。

（2）建立网络舆情研判机制

面对真假难辨的舆情信息，除了做好舆情收集的人员、技术准备之外，更关键的是要建立一套科学分析和研判舆情信息的方式和方法，对网络舆情进行定量和定性研究，从技术层面和价值层面对舆情信息进行判断。

第一，要对网络舆情进行定量研判。一个完整的舆情信息包括舆情信息文本、舆情信息发布者、舆情信息传播者、舆情信息传播平台等元素。对舆情信息文本的研判，包括对舆情标题、信息摘要、正文等内容的分析，也包括对舆情信息发布的形式，如文字、图片、视频等的分析；对舆情信息发布者的研判，要分析是原创发布还是转载发布，是普通网民发布还是资深网络意见领袖发布等；对舆情信息的传播研判，可以就点击浏览、回帖量、评论量等指标进行分析。此外，舆情发布时间、发布平台等也是构成舆情信息的重要因素。

第二，要对网络舆情进行定性研判。在网络舆情向网络舆论转化的过程中，一般需要经过关注、讨论、形成主导性意见、舆论生成四个阶段。其中的每一个环节都离不开信息的传播和意见的交流，而厘清一些影响传播和交流的关键性因素和非正常因素，是舆情研判的重点。

首先，要确定舆情信息的类别。据调研，中国各级党政部门都陆续建立了突发事件应急处置预案以及相应的新闻处置与沟通预案。舆情信息发生后，研判人员要快速准确地确定舆情事件的类别，以便对照预案进行处置和沟通。

其次，要判断舆情信息是否为热点信息。因为热点信息容易引发网民的关注和讨论，因此，在研判过程中，要迅速把握舆情信息的性质，对该舆情信息是不是当前热点进行判断。如果舆情热点与拆迁矛盾、新型城镇化等紧密相关，则很容易成为网络热点。

最后，要判别舆情信息是否存在幕后黑手。网络信息是自发的、真实的信息还是人为制造的舆情信息？在网络舆情转化为网络舆论的过程中，一些非正常因素值得重视。不少别有用心的人或组织常常通过网络公关公司，或雇用大批专职和兼职人员，策划网络事件，制造有影响力的话题。在幕后黑手的推动和介入下，一些个体的问题被普遍化，局部问题全局化，一般问题政治化，严重干扰了网络舆论的正常格局。对此要进行重点研判，对网络舆情和舆论的真伪进行定性分析，有助于正确的舆情处置和引导。

（3）建立网络舆情处置机制

网络舆情的处理，不要等到事件发生后再临时组织人员开展工作，要通过平时的机制建设，明确责任主体和工作流程，为快速、有效的网络舆情处置打下良好的基础。

第一，回应舆论责任属地化。对网络舆论的回应，要实行属地化管理。当地宣传公安部门是发现舆情的第一责任人，当事人和当事单位是回应舆情的第一责任人。事情发生后，属地责任人必须在第一时间着手处理，快速反应。

第二，多层次多渠道回应。网络舆论回应有多种渠道和方式，可以由当事人用真实身份在网上进行回应，也可以由宣传部门和政府主管部门用新闻发布的形式进行回应，还可以是相关责任主体以虚拟的网民身份在网上传播信息。无论采用哪种渠道哪种方式，都必须坚持一个原则，就是信息的真实性。而且在做出回应后，还要继续关注舆情的发展和动向。因为舆情往往不是一次回应就能化解的，有可能在第一回应后，舆情会继续发酵或是出现新的舆情，我们要根据舆情的变化采取相应的措施。

第三，建立舆论应对问责机制。各级政府部门必须将网上舆论应对作为工作的重要内容，当舆论危机发生时，各责任主体要明确自己的职责，积极进行舆论回应和参与应对，把舆论危机的负面效应降低到最小。对于因应对不及时或应对不力而产生负面影响和严重后果的，要追究有关当事人的责任。

（4）建立良好的网络沟通机制

为了充分引导和疏导网络情绪，使网络媒体充分发挥“减压阀”“减震器”的作用，宣传部门、政府相关部门、网络信息管理部门要在掌握舆情信息并准确研判的基础上进行积极的引导和沟通，确保舆情信息向积极的、建设性的方向发展。

第一，要利用网络与社会公众建立互相信赖的关系。各级政府要积极公开政府信息，建设电子政府，并在日常工作中，通过政府网站、政务微博、微信公众号等平台，与公众进行在线交流，了解公众关心的问题、话题，及时回复公众的提问，与社会公众建立相互信赖的关系，逐步改善政府在老百姓心中的形象。

第二，要以包容之心对待网络舆情。在理念上，要尊重网络舆情，以积极、开明、宽容的态度对待网络舆情。在姿态上，要学会倾听网络舆情的诉求，哪怕是不合理的诉求，也要合理进行解释。在行动上，要对网民普遍关注的问题及时跟帖、回复，在第一时间把客观的、真实的信息发出去，澄清事实真相并做好信息沟通工作，及时纠正错误、虚假的网络信息，通过客观及时的信息发布对网络舆情做出适当引导。总之，要在危机爆发之前，及时全面掌握各种舆论动向，并疏导负面舆论，强化正面舆论对政府形象的作用，防止舆论快速而无限制地蔓延。

第三，要善用网络方式进行沟通。在与网民进行沟通时，要充分运用网络这一载体，策略性地运用一些网络沟通的方式方法。在沟通平台方面，一是地方政府以及党政部门的官方网站、官方微博、微信；二是在舆情信息的传播演变过程中重点参与的网站、论坛等；三是各级主流媒体所属的新闻综合网站。在沟通的方式方法上，要借鉴当下比较流行的网络直播、网络在线访谈、回答网民提问等方式。在内容上，要抓住细节进行发布与沟通，在舆情事件中，网民一般关注的是事实，通过披露细节，让网民了解政府部门认真的态度和基本的事实真相。在成都6·5公交车事件中，成都市根据四川省委“信息发布要及时、准确、公开、透明，政府的信息要领先社会信息”的指示要求，启动了宣传应急预案，组成了由宣传、公安、消防、安监等部门负责人组成的宣传信息组，开展新闻发布和舆论引导等工作。在滚动发布信息工作中，不间断地公布伤亡、救治以及现场情况，特别是根据舆情情况，在后期的新闻发布中，对市民关注的车辆是否超载，逃生锤、灭火器等救生和消防设施是否按要求配备，燃烧是不是由自燃或爆炸引起的，司机是否逃离现场等细节问题进行了针对性的发布，使得舆论向良性方向发展。

3. 健全信息披露制度

当前，各省市政府虽然建立了信息披露制度，但信息公开的内容有限：形式上公开多，实质上公开少；结果公开多，过程公开少；原则方面公开多，具体内容公开少；公开政府“正面”信息多，公开政府“负面”的信息少。需要从多种渠道健全信息披露制度。

（1）健全新闻发言人制度

建立新闻发言人制度，可以保障公民的知情权，最大限度地增加事件的透明度，增进公众对于政府工作的理解和支持，从而有利于事情的解决，最大限度地维护社会公众的利益。当前，四川的新闻发布制度，需要从规范性、稳定性、互动性、系统性等方面进行改进和完善。

第一，新闻发布要注重规范性。新闻发布会要做到规范，必须经过周密的准备。首先要确定新闻发布的主题。这次新闻发布会，主要讲什么内容，讲到什么程度，拟发布的信息有没有新闻价值，都必须认真考虑。其次，还必须围绕主题准备好新闻发布材料。有关书面材料应仔细研究和推敲，经领导审定后，向记者散发。再次，需要确定新闻发布人。召开新闻发布会时，新闻发言人可能有几个。要确定某一个新闻发言人作为本次会议的主要发布人，其他发言人进行补充。主要发布人应坐在发布台上最显著、突出的位置。主要发布人不仅对于该事件的情况非常熟悉，还要熟悉政策，大局观念很强，具有随机应变的能力。所有发言人必须明确发布信息的基本策略：早说事实、慎说原因、细说道理。由于记者和公众在新闻发布会上可能会提出一些比较尖锐和敏感的问题，新闻发言人还要设计好应答提纲，做到有备而来。有关的数字、时间、概念、名词和基本事实，与会发言人要烂熟于心。重要问题的答问，应设计好应答顺序和深入应对策略。对于邀请的记者拟提出什么问题，可以事先有所了解。由于新闻发布会对发言人要求很高，新闻发言人平时就应该有预案、有储备、有准备、有培训、有演练。一旦发生突发公共事件，立即启动预案，进入发言人状态。最后，媒体范围、会务基本保障工作也必须做好。拟邀请什么范围和性质的媒体参加新闻发布会，以及与会记者的数量、层次，是否邀请境外媒体、网络媒体，都需要慎重考虑。要根据发布会性质、规模、拟邀请记者的层次，安排好发布场地，做好后勤和技术保障工作。

第二，新闻发布要形成稳定的制度。新型城镇化是一个长期的过程，即使没有发生危机事件，新闻发布也要定期举行，形成常态化。平时的新闻发布可以优先选择一些涉及新型城镇化的工作重点和大局，以及媒体关注和公众希望了解的题目，着重安排有关新型城镇化的发展规划、重大方针政策、工作总体部署以及有关民生方面的重要问题的新闻发布会。让民众及时了解新型城镇化的重大意义、规划和进程，以获得民众的理解和支持。

第三，新闻发布要与公众互动。当前四川不少地方政府的新闻发布缺乏有效的互动机制，只注重发言而忽略了反馈。政府部门要在新闻发布时适时适当地增加与公众的互动，比如，20 分钟的新闻发布会，发布信息一般只占 10 分钟，其余 10 分钟留给媒体和公众提问。通过与媒体和公众的互动，才知道公众关注什么，需要什么，对政府的处理意见、政策法规支持与否。因此，新闻发布要做到“主、短、情、细”。“主”就是以“我”为主，不能因为与记者或公众互动，就偏了主题，无论是发布还是回答提问，自始至终都要围绕主题进行；“短”，就是时间不能太长，发布的内容要简明扼要；“情”，就是注重情感发布，要根据不同的发布内容调整情感、情绪，切忌面无表情，更不能因为记者或公众的敏感问题而动怒；“细”，就是要抓住细节，细说道理，突出工作态度。

（2）依托政府网站、微博发布权威信息

在平时，政府部门就应当做到公共信息及时、全面、多渠道公开。危机发生时，更要依托政府网站、微博、微信平台，主动、及时发布相关热点问题和事件的信息，满足社会公众的知情权，同时宣布政府的补救措施，解释政府政策，防止商业网站或其他媒体为抢独家头条新闻发表一些刺激危机局势的新闻消息，扩大危机事态。

从以前政府处理舆论事件的经验来看，凡是积极公开、及时发布信息的，一般都很快就澄清了谣言，消除了恐慌，政府也会得到社会公众的理解、支持甚至赞赏。如 2009 年的云南“躲猫猫事件”，由于当地政府处理得当，及时有效地化解了危机。事件发生过后，云南省政府采用官方网站发布信息、举办新闻发布会、在线回答质疑等多种方式传播真实信息，防止了谣言的扩散。对此，英国《金融时报》评论说，“云南省政府对此案的处理手法不仅使得云南省有关部门的负面影响被降低到最小，还在一定程度上重塑了云南‘法治政府’‘责任政府’和‘阳光政府’的公众形象”[①]。

4. 提高网络舆论引导能力

（1）提高主流新闻网站的舆论引导能力

总体上看，中国主流新闻网站经过初期的探索阶段，正在由上一阶段的“理性不足、缺少统筹规划、绩效不突出、孤岛现象明显”状况逐渐向“务实、高效、自觉”的方向迈进。但是与一些大型商业网站相比，在现实影响力、内容创新、赢利能力等方面仍然差距较大。作为舆论引导的主力军，主流新闻网站应当发挥公信力强、权威性高的优势，引导网民正确地看待和分析热点事件，理性表达自身的诉求。

提高主流新闻网站的舆论引导能力，一是发布信息要快。当发生了重大突发事件或者出现涉及民生的热点问题时，主流新闻网站要在第一时间发布信息。由于这时涉及事件的具体信息还没出来，信息发什么呢？这时候需要把党和政府的政策主张、处理问题的态度、解决问题的举措等内容发出去，一方面抢占先机，压缩负面消息的传播空间，另一方面稳定公众情绪。二是发布信息要准。主流新闻网站要随着事件的调查进程随时发布信息，但发布的信息一定是通过深入的调查求证后获得的，要真实准确，有多少发多少，使网民和社会公众了解事情的进展和真相。保证网络舆论和相关社会舆论的正确走向。三是要超前策划。目前，四川的主流新闻网站在重大事件的超前关注和整体策划上还落后于传统媒体和商业网站。主流新闻网站要在一些重大活动举行、重大事件发生、热点问题出现时，就开始积极介入，超前策划，主动设置网络议题，掀起网络舆论高潮，占领网络舆论制高点。

提高主流新闻网站的舆论引导能力，还要处理好经济效益和社会效益的关系。主流新闻网站不同于一般的综合性商业网站，不光要追求经济效益，更重要的是有正确的舆论和宣传导向，取得良好的社会效益。其实，经济效益和社会效益并非完全对立不可统一，主流新闻网站完全

---

① 孙晓莉：《网络公共舆论危机的应对》，2011 年 1 月 4 日，人民网（http：//theory.people. com. cn/GB/13647839. html）。

可以凭借良好的社会效益获得最大的经济效益，形成良性循环，如果为了经济效益而发布一些低俗、媚俗的新闻信息，不仅影响自己的公信力，有可能还会受到政府处罚、民众谴责，其最终结果自然会影响到经济效益。

提高主流新闻网站的舆论引导能力，政府还必须转变媒体管理方式。政府的网络媒体管理机构主要是外宣办和网络管理办公室。根据调查结果，这些管理机构的人员配置不尽合理，这些管理人员多数是行政管理出身，缺乏媒体工作经历，因此对网络媒体的运作和规律不了解，对网络媒体和网络舆论存在认识上的偏差和误区。要么把所有网络媒体当作体制内媒体看待，要求一律“正面报道”；要么把网络媒体当作“敌人”加以防备。把正面宣传与舆论监督对立起来，认为只有正面宣传才是坚持正确的舆论导向。对媒体的管理也存在简单、粗暴、老套等问题。尤其是对体制内媒体，主要用行政命令进行强力限制。事实上，政府对网络的管理，不是要限制其发声，而是要为媒体创造一个公平、开放、有序、健康的生态环境。让主流新闻网站能够大胆、及时地发声，有效发布权威信息，减少谣言的空间。

（2）团结和培养网络“意见领袖”

网络这一特殊表达方式决定了网络民意更多是一种淋漓酣畅的私人表达，而不是严肃的民意表达。针对网络民意往往缺乏对事实真相的全面了解、缺乏慎重的理性思考等流弊，有必要培养一批坚持正确导向、熟悉网络语言、了解网络传播技术和传播技巧的网络“意见领袖”。网络意见领袖是舆情走势中的一个非常重要的变量，直接影响着网民的看法和态度。他们不仅发帖的数量比一般网民多，而且质量也非常高——观点明确、思路清晰、论证严密，不同于一般的灌水帖，能够吸引其他网民的点击和回复。尤其是在舆情发酵的早期阶段，往往会对议程设置发挥决定性的影响，引导网络民意的方向。因此，在矛盾多发的新型城镇化过程中，四川各级政府部门以及主流新闻网站要转变观念，真正为团结和培养网络意见领袖提供体制机制支持。只要有关部门对他们坦诚相待，宽容他们的个性和意气，与之交朋友，以他们的理性、学识、热情，是能配合好舆论宣传的。

第一，要善于识别网络“意见领袖”。网络“意见领袖”包括知名时评作者、版主、资深博主等。识别网络意见领袖可以从“质”和“量”上来判断。“质”就是看他的微博、看他的评论是否客观理性，富有建设性，还有粉丝对他的评价如何。“量”就是看他的被关注数和被转载数。

第二，要创新机制，团结网络“意见领袖”。网络“意见领袖”既可以产生于广大的普通网民中，也可以产生于专业的新闻传播者中。一些草根出身的“意见领袖”，因其质疑权威的精神而拥有大量粉丝，在网络上具有较大的影响力。因此，需要创新机制，团结和引导这些人为“我”所用。如北京的网络新闻评议会、妈妈评审团等新机制，可以有效地凝聚和笼络一批同类型的“意见领袖”，发挥其舆论引导作用。

第三，要整合资源，大力培养自己的“意见领袖”。要加大政府部门的官方微博以及政府官员的个人微博的建设，培养他们的信息辨别能力、逻辑思维能力、实证研究能力及网上沟通能力等，帮助他们提高网络知名度、公信力和影响力。

（3）注重线上线下的互动配合

从网络信息出现到演变成舆论危机的过程中，存在着舆情酝酿、舆情发生、舆情激化、舆情持续、舆情消退等发展阶段。在不同的发展阶段，不仅舆情信息的传播和演变所需要的时间差异较大，而且所涉及的信息传播和意见整合平台也较多。在线下，也有可能会吸引传统媒体的关注，甚至吸引包括党政部门主要领导在内的权威人士的关注，最终使得网络信息由网上话题转化为整个社会的热点舆论。正是由于舆情信息在传播和演变过程中存在着线上线下相互结合、相互影响的规律，在舆情沟通与引导过程中，必须充分考虑到网络空间（线上）和现实社会（线下）的互动和配合。

新老媒体各有自己的特点和优势，在新的舆论格局中，宣传部门要充分利用自己手中的媒体资源，发挥党媒弘扬社会正气、通达社情民意、引导社会热点、疏导公众情绪的作用，打造一个新老媒体融合、线上线下互动的舆论引导新格局。具体而言，在线上，可通过论坛版主、网络信息员等多种渠道与网民进行沟通，表达相关主管部门的关切，并深入了解舆情事件的详细情况。或者将相关主管部门对舆情事件的态度以及初步调查的结果在网上进行发布。在线下，邀请记者对相关主体进行采访，并将传统媒体报道的内容转载到网上，利用传统媒体的权威性，通过传统媒体与网络媒体的互动来回应、引导舆论。

5. 提高净化网络传播环境的技术手段

为了有效监测网络信息内容，防止网络谣言、网络舆论的迅速蔓延，各级党政部门要善于利用先进的网络技术手段进行信息提取、数据过滤、内容分级，并在这些技术基础上建构网络内容安全审计和监控系统。具体来讲，可以采用如下技术手段进行内容监测和识别：

第一，利用内容识别技术对文字、声音、图像和图形进行识别、判断和分类。文字识别分为关键字/特征词/属性词识别，语法/语义/语用识别，主题/立场/属性识别，涉及规则匹配、串匹配、自然语言理解、分类算法、聚类算法等技术。

第二，利用内容审计技术对数据流进行审计。主要以旁路式捕获受控网段内的数据流，通过协议分析、模式匹配等技术手段对网络数据流进行审计，并对非法流量进行监控和取证，还可以进行重放演示。尤其是对境外信息，可以利用此类技术进行实时监控，一经发现，便立刻依法进行查处。

第三，利用控制/阻断技术防止非法信息流入网上。在通过上述手段监测到非法信息后，除了采用屏蔽等方式，还可以立即采用控制/阻断技术如数据包丢弃或数据包重新定向等方法阻断信息流入，这样可以比较高效地遏制违规信息的扩散传播。

二　构建自下而上的治理模式

1. 党委政府层面：依法治网

首先，依据网络表达相关法律法规，对表达自由进行准确界定。规范人们在基于互联网的各种新兴媒体上的发言底线及其边界，有效地保护人们通过新兴媒体表达观点和反映诉求的合法行为。其次，从保护知识产权的角度着手，提高商业网站新闻信息转载成本，保护传统媒体的内容价值和赢利空间。即针对各类商业网站零成本或廉价转载行为，建议对其进行价格限制，即转载价格不低于传统媒体采写新闻的成本。最后，将所有舆论调控相关的政策法规的管理边界延伸到虚拟空间。现有舆论调控的相关政策法规很多都是针对传统媒体的舆论调控而设立的，针对虚拟空间的舆论传播相对空白。因此，建议将与舆论调控相关的政策法规的管理边界延伸到虚拟空间。

2. 社会组织层面：建立网络媒体社会责任评价体系

在矛盾多发的新型城镇化过程中，网络媒体秉持社会责任感非常重要。因为有责任感的网络媒体通过对新型城镇化的正确解读，通过对新市民融入城市提供帮助、引导，能够在很大程度上让公众对城镇化的重要性有比较正确的认识，对政府的城镇化建设也比较容易理解和接纳。然而，在追求发展的过程中，网络媒体往往因为经济利益而屡屡提供虚假新闻、侵犯个人隐私、舆论导向偏差、不重视员工、欺骗消费者等，使网络媒体这个"社会的公器"逐渐滑落于利益的一端，丢失了社会责任和根本属性。低俗化、媚俗化和庸俗化的媒体产品给社会和公众带来很大的负面影响，也引起社会各界对网络媒体承担社会责任的思考。尤其是在《新闻法》等法律法规缺位的大背景下，构建网络媒体社会责任评价体系，既可以为网络媒体制定日常行为准则，又可运用全社会的力量规范和约束网络媒体的行为。

网络媒体社会责任是包括政治责任、经济责任、法律责任和道德责任等内容在内的一个综合责任体系。因此，建立网络媒体社会责任评价体系，需要从多个维度建立指标。本书通过访谈网络媒体负责人和借鉴前人成果，确定从 9 个维度设置指标体系，建立了 9 个一级指标和 19 个二级指标（见表 4—2）。然后，通过专家打分法来建构判断矩阵。具体操作是，给 20 位网络企业社会责任人及 10 位网络媒体研究领域的专家发放"重要性调查表"，要求其对每个影响指标的因素打分，"1"为满分，并对回收的数据进行统计分析，得到网络媒体社会责任一级指标和二级指标的权重表（见表 4—3）。

表 4—2　　　　网络媒体社会责任评价指标体系

一级指标 Ai	二级指标 Bi
舆论导向	政治
	经济
	文化
信息传播	真实
	快速
	全面
	准确
舆论监督	对权力机关的监督力度
	对社会生活的监督力度
法律法规	遵守相关法律
社会伦理	社会主义伦理道德观
健康文化	弘扬健康、积极的网络文化
公共权力、公民权益	坚守正义与良知
	维护公民权益
创富能力	纳税
	盈利
	吸纳社会劳动力
内部员工满意	职业前景
	员工工资福利

表 4—3　　　　网络媒体社会责任评价指标权重

一级指标权重 Ai	二级指标权重 Bi	好	较好	一般	较差	差
舆论导向 0.2	政治 0.5					
	经济 0.3					
	文化 0.2					
信息传播 0.15	真实 0.3					
	快速 0.3					
	全面 0.2					
	准确 0.2					
舆论监督 0.15	对权力机关的监督力度 0.7					
	对社会生活的监督力度 0.3					

续表

一级指标权重 Ai	二级指标权重 Bi	好	较好	一般	较差	差
法律法规 0.05	遵守相关法律 1					
社会伦理 0.05	社会主义伦理道德观 1					
健康文化 0.05	弘扬健康、积极的网络文化 1					
公共权力、公民权益 0.15	坚守正义与良知 0.5					
	维护公民权益 0.5					
创富能力 0.1	纳税 0.4					
	盈利 0.4					
	吸纳社会劳动力 0.2					
内部员工满意 0.1	职业前景 0.5					
	员工工资福利 0.5					

建立了指标体系后，网络行业协会每年定期组织相关专家根据各网络媒体的具体情况，给各个指标分别评分。评分标准为：Fi = 1 表示履行社会责任水平差；Fi = 2 表示履行社会责任水平较差；Fi = 3 表示履行社会责任水平一般；Fi = 4 表示履行社会责任水平较高；Fi = 5 表示履行社会责任水平高。通过这样一套社会责任的评价系统，规范网络媒体的传播行为。

3. 媒体和用户层面：发挥自律作用

媒体和用户自律层面就是网络媒体和网络用户利用内部公认的行为准则、道德公约进行自我管制，这种准则、公约不是外部制定和执行的，而是由内部协商制定，靠道德、责任来维持。

第一，网络媒体应严格遵守行业自律规范。

网络媒体作为大众传播媒体，负有还原事实真相、促进信息公开透明的责任，必须本着客观、公正、建设性的态度，对信息进行把关。并在行业协会的组织和带领下，建立和完善自律机制，自觉遵守行业规范。学会冷静分析，认真求证，做到不猎奇、不逐腥，坚决抵制虚假信息和有害信息在网上传播，不让与中华民族优秀文化传统和道德规范相违背的信息在网上扩散，自觉维护和净化网络环境，建设健康向上的网络文化，营造理性有序的网络表达氛围。

第二，广大网民要共同守住“七条”底线。

网民既是网络的参与者，又是网络的建设者和受益者。为了自己的自由，网民必须要学会自我管理，否则将面临更加严厉的外部管理，如政府的行政管理和法律的强力管制。因此，网民无论表达什么“意见”，或者转播什么“内容”，都要保持清醒的头脑，明确道德底线，做到有理有据。要自觉抵制那些偏激的“愤青族”和“口水党”。不能跟着别人瞎起哄，充当谣言的“二传手”，更不能有意传播谣言，诽谤他人。

网络空间是公共空间，网民仍然是公民，现实社会的道德准则在网络空间上仍然应该发挥作用。在 2017 年 8 月 10 日国家互联网信息办公室举办的“网络名人社会责任论坛”上，与会者从网络使用者的角度，提出了“法律法规底线、社会主义制度底线、国家利益底线、公民合法权益底线、社会公共秩序底线、道德风尚底线、信息真实性底线”七条底线，为网民制定了自我管理、自我约束的自律公约，为遏制网络谣言开辟了从“他律”到“自律”的路径。

第二篇

社交媒体时代的信任缺失

社交媒体的发展，使人类的传播从“全景监狱”转向“共景监狱”。“共景监狱”使得媒体将自己的部分传播权力让渡给受众，让他们在传播领域享有更多的控制权，在自主中实现社会的自我关照和自我治理。传统社会建立在信息资源垄断基础上的社会治理模式也发生了从“全景监狱”到“共景监狱”的根本性转换。尽管在“共景监狱”的结构下，人们有了更多的言论自由与平等，但我们在欢呼、拥抱社交媒体的同时，却发现离真相越来越远。在追求“公平与自由”的过程中，我们付出了失去真相的代价。虚假信息、反转新闻、非理性舆论甚嚣尘上。在这样一个缺乏真相的时代，信息失去了真实性这一内核，就只剩下煽情和欺骗，受众很难获得真实的信息以形成对世界正确的认知。更为严峻的是，在长期的虚假信息环境中，整个社会会陷入一种信任危机。人也会逐渐变得麻木，失去探寻真相的精神和耐心，以至真相被公布之后，大家已然不再关心。2018 年的第一个公众事件——寻找汤兰兰，就是以这样的形式上演。除了虚假信息带来的社会信任缺失，网络信息安全问题也成为世界性难题，特别是商业机构为了自身利益而过度收集消费者信息，甚至故意出售消费者隐私信息，更加剧了社会的信任危机。

第一章

媒体传播权的让渡

第一节　“全景监狱”下的信息垄断

法国哲学家米切尔·福柯（Michel Foucault）曾借用一个极其生动的概念“全景监狱”（Panopticon）对现代社会的控制方式进行比喻。“全景监狱”（又称为“圆形监狱”）原本是英国哲学家和社会改革家杰里米·边沁（Jeremy Bentham）的一个设想：四周是一个分割为许多小囚室的环形建筑，中心是一座瞭望塔。囚室中的每个人处于被隔绝与被观察的孤独状态，无法进行信息的传递，他们能够目睹瞭望塔高大的轮廓，却无法看清塔中情形，只能假设自己时刻受到狱卒的窥视而自我制约。管理者不必时时在场亦能完美实现其监视功能——“一种虚构的关系自动地产生一种真实的征服”[①]。米切尔·福柯认为，传统社会就如同“全景监狱”，社会管理者可以通过信息不对称的方式来实现更低成本和更高效率的社会管理。在福柯之后，有许多的技术控制论学派学者将“全景监狱”运用在传播学研究之中。[②]

进入互联网时代以后，随着信息技术的进步，人们认为，福柯所提出的“全景监狱”变成了“超级全景监狱”（Super Panopticon）。如美国学者马可·波斯特（Make Boster）就认为，随着“第二媒介时代”

---

① 《圆形监狱》，2012 年 12 月 22 日，百度百科（https://baike.so.com/doc/1144251-1210478.html）。

② 《新媒体时代下的全景监狱——共景监狱》，新浪博客（http://blog.sina.com.cn/s/blog_700110610102v4dl.html）。

（即以互联网为代表的新媒介时代）的降临，一种新的话语/实践便在社会场中运作，你可以把社会场当作一个“超级全景监狱”，它重新完成了主体的构建。[①]“超级全景监狱”的实现得益于大数据技术的发展。大数据技术不仅可以记录下你的地理位置、年龄层、个人喜好，而且可以根据用户偏好进行智能推送和个性化定制。当你再次点开搜索引擎页面时，它就会为你推荐相应网页。当你有目的地想在网络上购买某件商品时，你会发现就连网页弹出的广告都是该商品的。甚至你点开一个网页，网页上的各个广告其实都是为你量身定做。大数据技术通过对信息的系统梳理、对使用者的不断监视，实现对信息使用者的全面控制，构建起了现代化的“超级全景监狱”。

第二节 “共景监狱”下的传播权让渡

随着媒介环境的进一步变化，“全景监狱”内涵在不断地发展演变。学者喻国明认为，传播的技术革命正在促成一种新的社会结构——“共景监狱”。传统社会建立在信息资源垄断基础上的社会治理模式发生了从“全景监狱”到“共景监狱”的根本性转换。什么是“共景监狱”？它指的是一种围观结构，即众人对个体进行的围观。在“共景监狱”的社会模式中，不再是个体瞭望塔对众人的监视，而是众人对个体的凝视与控制。他还阐释了共景监狱的运作模式和社会效果。在“共景监狱”的社会信息场域之下，媒体的一个重要责任不是传统意义上的“保姆式”的信息服务，而是充分调动社会全体成员的力量和智慧，建立规则，让他们在传播领域享有更多的控制权，在自主中实现社会的自我关照和自我治理。[②] 换言之，媒介要成为聚合各种社会资源的平台，更加开放的媒介运作的模式，其实质就是实现一种传播权利的让渡。这种权利的让渡主要体现在三个方面：一是选择权分享。你给

---

① ［美］马克·波斯特：《第二媒介时代》，范静哗译，南京大学出版社2005年第2版，第85页。

② 喻国明：《媒体变革：从“全景监狱”到“共景监狱”》，《人民论坛》2009年8月1日第3版。

人们更多的选择空间，事实上会反过来提升你价值实现的可能性，提供资源整合的可能性。二是参与权。就是让人们在传播平台上有更多的社会表达、文化表达。如果能够通过你的平台比较畅达地表达各种社会利益群体不同的主张、不同情绪的时候，媒介在社会生活当中的作用和意义将会显著提升，并且能够吸引更多的社会和商业资源的加盟。三是媒介接近权。就是把部分媒介的评价权、决策权、表达权交给社会，交给受众，交给服务方，交给用户。也就是说，进入信息时代，尤其是社交媒体崛起之后，管理者在信息资源垄断方面的优势已经不复存在，新闻媒体不再是唯一的传播主体，新闻生产逐渐从组织化集体工作转变为社会化互动行为。微博、微信等成为一个个新的信息平台，传播权力下放到社会，人人都是传播者，试图通过信息的不对称来实现社会管制遭遇到前所未有的危机。而新的意见领袖的出现，再一次分解了管理者的权力，成为一股新的影响舆论走势的强大力量。微博提供了一个凝视社会的平台，当众人关注的问题达到一定热点时，它也就有一定的可能性演变成社会热点。这就是网络舆论事件经常发生的原因所在。

第三节 “共景监狱”对治理的挑战

信息传播的平权化，使社会个体由“被监视者”转为“监视者”。这一方面促进了人们的普遍参与，带来信息交流的自由；但另一方面，自由的信息交流必然会带来信息的冗余。特别是在互联网低门槛的情况下，网民的素质参差不齐，也没有专业记者职业道德束缚，导致在一些网络事件中网民情绪化的语言充斥着网络空间。因为在网络匿名机制的作用下，网民的话语权得到了极大释放，又增加了非理性的因素。网民往往呈现出非理性狂欢、情绪燃点低、自我意识弱等基本特征。同时，为了博取眼球，赢得点击量，一些网民利用网络传播面广的特点发布一些虚假信息，甚至为了达到某种目的，随意篡改图片和视频，抹黑政府形象，比如在 2017 年 4 月 1 日泸县太伏中学学生坠亡事件中，[①] 大量谣言和假视频被广泛传播，网上一度出现“被五名学生打死”，“手脚被打断”，“被用钢管殴打致死”，“黑社会参与”，“政府包庇官二代”等不实传闻，将一件简单的校园自杀事件活生生演变成网络舆论危机事件，引发国内外广泛关注，造成了恶劣的社会影响。可见，失去理性的舆论监督不仅对社会无益，还会滋生一些不和谐不安定的因子，阻碍我们走向民主和文明。

而在“共景监狱”的社会结构中，政府大大削弱了网络信息传播的控制权，处于网络狂欢中的政府被动地充当了“配角”，经常处于被围观、被评论、被言说的场域中。政府的行为受到了共景监狱场域的全方位检视，任何失误和失范都会招致社会舆论的强烈评判，政府治理面临着前所未有的危机和困难。政府不得不更加主动严格地规范自身的言行，并注重倾听民众的声音，且对传统的管理方式进行反思和变革，对虚拟社会由“管理”走向“治理”，不得不说，“共景监狱”对政府的治理创新起到了一个倒逼的作用。然而，社会公众在围观政府行为、评说政府效能的同时，也导致了群体极化现象，网民在这个近似理想的公共空间里恣意狂欢，“撒野”“吐口水”等非理性行为随处可见，使网络舆论生态呈现出喧嚣和无序的状态。而其中尤其值得警惕的是，虚假信息的泛滥导致整个社会的真相缺失和信任危机。

---

① 《四中学生打死人？别再传了，多地网警已辟谣》，2018 年 6 月 25 日，人民网（http：//society. people. com. cn/n1/2018/0625/c229589 - 30084056. html）。

第二章

四处肆虐的虚假信息

第一节　真相衰退的出现

2018 年 1 月份，全球政策非营利组织兰德公司发布了一份关于“真相衰退”的研究报告。在这份长达 300 页的报告中，“真相衰退”被定义为一组相关的四个趋势：对事实和数据的分析性解释的分歧加大；意见和事实之间界限模糊；事件相关发声相对数量的增加，以及由此产生的影响、意见和个人经验超过事实；对以前备受尊重的事实信息来源的信任度降低。这份报告探讨了三个历史时期，分别是 19 世纪 90 年代、20 世纪 20 年代和 60 年代。展示了四种真相衰退趋势的证据，并比较了过去 20 年的变化。这四个趋势中的两个发生在早期：意见和事实之间的界限模糊；事件相关的发声数量增加及由此引起的意见和事实的影响。机构的信任度下降问题在今天更为严重，早期没有证据表明，对事实和数据的分析解释产生的分歧有所增加。而导致真相衰退的因素有四个：第一个是认知偏差；第二个是信息系统的变化，包括社交媒体的兴起和全天候新闻；第三个是对教育系统的竞争要求限制了其追赶时间和信息系统变化的能力；第四个是政治、社会、人口和经济的两极分化。报告指出，真相衰退的后果表现在很多方面，但最具破坏性的影响可能是民间话语权的侵蚀，政治瘫痪，个人与政治和民间机构的疏远和脱离以及美国政策的不确定性。报告最后还提出了两点建议：（1）揭开真相衰退的复杂体系需要多方面和多学科的努力。研究机构、政策制定者、教育工作者和其他利益相关者之间的跨学科研究与合作，将有助于揭示真相衰退的问题，并对问题产生更加清晰的认识，提出可能的解决方案。（2）要重点对四个领域展开研究。第一是要更仔细地研究真相衰退在国内外的表现，总结有助于对抗真相衰退的教训。第二是要进一步探讨真相衰退的趋势，包括媒体内容如何随着时间而变化，信息流动的速度和限制如何演变，教育系统和其课程的发展，两极分化和政治僵局恶化，公民话语和交往的侵蚀，以及美国政策不确定性的严重程度的变化。第三是加大对真相衰退的相关系统的调查。调查内容包括将真相衰退与信息传播、信息加工和信息消费联系起来的过程和机制、机构、当局和媒介；真相分化，参与和话语；技术进步的好处和挑战，信息代理机制。第四是提出可评估潜在的解决方案，缓解真相衰退造成的问题。重点领域包括教育干预，体制发展和重建，弥合社会分歧，利用新兴技术的优势，发挥行为经济学、心理学和认知科学的作用，组织自我评估等。①

许多观察家和分析家对政策环境中的这种趋势做出了回应，他们认为全球社会进入了“后真相”世界，聚焦于假新闻的广泛传播。比如美国“联邦党人”在线杂志撰稿人丹尼尔·佩恩发文说，“美国媒体在夜以继日地以工业化的规模制造、传播、散布和宣扬假新闻”，这种现象已经成为美国新闻圈的一部分，他列举了自特朗普胜选以来的 16 个假新闻，比如随着特朗普当选，美国“跨性别者”自杀率激增。英国《卫报》的撰稿人扎克·斯塔福德在其推特上传播了该消息，并被转发 1.3 万次，相关谣言在脸谱网（www.facebook.com）上至少被分享 10 万次。而这位作家之后解释为何删除该消息的推文仅被转发 7 次。2017 年 2 月 7 日晚，韩国 JTBC 电视台新闻节目以“虚假新闻越来越像真的”为主要内容进行了相关报道。比如最近一个韩国“亲朴”社会团体利用一个社交网络群传播“世界著名优秀学者也担心韩国近况”的消息。该新闻采访了“美国斯坦福大学教授兼某研究所所长”，此人称，“韩国总统弹劾是某些势力借助朝鲜、中国的力量进行的权力游戏”。该消息使用了完整的报道用语，末尾还署上了记者名字。然而，

① 资料来自微信公众号“话梅糖”。

报道中提及的机构、教授并非真实存在。[①]

“后真相”（Post－truth）这个词语虽然早在1992年就被塞尔维亚籍的剧作家Steve Tesich提出，但多年来没有引起普遍的关注，直到2016年这个词才一下“火”了起来。《牛津词典》把它列为年度词汇，定义为“诉诸情感及个人信念，较陈述客观事实更能影响舆论的情况”。因为据《牛津词典》的编辑称，“Post－truth”一词的使用频率在2016年比前一年增长了大约2000%。[②] 第一次使用高峰出现在6月份的英国脱欧公投期间，第二次高峰则在7月份特朗普被确认为共和党总统候选人之后。英国《旁观者》杂志前主编、《卫报》专栏作者马修·德安科纳在2017年8月的爱丁堡国际图书节上推出了自己的新书，叫作《后真相：关于真相的新战争及如何反击》。在书中，马修·德安科纳详细阐述了自己对后真相的理解：它代表的不是政客的谎言，而是公众对这些言论的反应，以及数字技术和社交媒体影响舆论、左右民意的能力。他表示，后真相在腐蚀世界，人们有必要对此进行反思和反击。[③]

但是兰德公司的这份报告却认为，“真相衰退”不仅仅指假新闻。因为在大多数领域，事实和数据变得越来越重要，但政治和民事话语例外，因此，很难说这是真正的“后真相”世界。此外，仔细分析影响美国政治领域的趋势，就会发现“假新闻”这样的现象只是一个更为复杂的系统挑战，根源在于人类处理信息的方式、当前的政治经济条件以及媒体环境的变化。假新闻本身并不是这些深层次问题的驱动因素，单纯阻止“假新闻”，不太可能解决政治领域中对数据、分析和客观事实的失信。因此，对假新闻的狭隘关注应分散于对更广泛现象的严格、整体评估，这种评估可能会产生补救办法和解决办法。尽管如此，很多学者还是认为虚假信息的泛滥是导致真相衰退的一大动因。

---

① 《虚假新闻泛滥成多国新愁》，2017年2月9日，环球网（http：//world. huanqiu. com/exclusive/2017－02/10091955_2. html）。

② 《牛津词典2016年度词：后真相，还有真相存在吗?》，2016年11月22日，腾讯文化（http：//cul. qq. com/a/20161122/002451. htm? pgv_ref＝aio2015&ptlang＝2052）。

③ 《后真相时代：现在的问题是，我们开始不在意谎言》，2017年9月7日，腾讯网文化频道（http：//cul. qq. co）。

第二节 真相衰退的后果

一 真相和客观性的终结

事实的土崩瓦解，正是造成后真相时代来临的最大原因。在充满不确定性、主观性的后真相语境下，诸多的谎言、谣传、碎片化的信息阻碍社会事实的查验，事实真相扑朔迷离。因为事实核查者捕捉谎言的速度赶不上谎言被制造出来的速度。而且，谎言发现了进入人们的头脑和心灵的途径：只需契合人们现有的偏见。相当多互联网公司开发的算法基于用户以前的搜索和点击，因此，每次搜索和每次点击都会发现自己的偏见得到确认。更让人担忧的是人们对待真相的态度，他们不去评价某种主张是否真实，只评估它在某种程度上是否符合自身感受。比如在2016 年美国选举中，特朗普在竞选前的造势运动中说了很多谎言，比如关于墨西哥、关于穆斯林的。在当选总统以后，他甚至在出席他就职典礼的人数问题上也说了谎，他自己毫不感到羞耻，而且支持他的人继续支持他。①

因此，学者胡泳忧心地指出，“如果我们真的生活在一个‘后事实世界’，几乎所有权威信息来源都受到质量和出处皆十分可疑的相反事实的挑战，那么骗子将没有任何理由感到羞耻”②。胡泳还梳理了事实的近代史，认为人类经历了经典事实时期、基于数据的事实时期以及网络化事实时期。目前我们正在进入网络化的事实阶段。事实本来给我们提供了一个解决分歧的方式。然而，网络化事实却开启了一个充满分歧的网络。何谓网络化事实？就是事实大到不可想象（too big to know）。这样的网络化事实会造成三大后果：其一，太多的事实使得我们对真相产生厌倦和愤世嫉俗的态度，并终结了大众得出结论的能力。其二，网络会强化我们本来的立场，引发舆论的极化。事实和观点已经不再泾渭分

---

① 《为何尼克松说谎下了台，特朗普说谎仍受支持》，2017 年 9 月 2 日，腾讯网（http://cul.qq.com/a/20170902/024919.htm）。

② 胡泳：《后真相与政治的未来》，2018 年 2 月 6 日（www.chinathinktanks.org.cn）。

明。其三，无论哪种观点，都会有网民支持和反对，对一件事情的看法，我们很难取得共识。因而，胡泳认为，没有共同的事实，没有可靠的信息来源，没有可靠的调查方式，因而我们无法就事实达成一致，更不用说价值观。“我们不再为真相承担责任，而且缺乏如何将具体事实纳入一个更大整体的能力。基本上，我们放弃了理性，连同我们的公民身份一起。”①

二　媒体公信力的整体下降

社交媒体现在是许多人的主要新闻来源，但是，受谣言影响，社交媒体的公信力也大打折扣。美国观察家网站援引斯坦福大学、纽约大学经济学教授的研究称，仅 34% 的美国受访者表示相信他们在社交媒体上获得的信息，大多数人仍然将电视当作其获取信息的主要来源。对美国最大的 690 家新闻网站和 64 家假新闻网站进行对比后发现，新闻网站的总流量仅有 10% 来自社交媒体。“如果假新闻能够影响选举结果，一条假新闻就需要相当于 36 条电视竞选广告的效果。”②

传统媒体在与社交媒体的竞争中，也渐渐失去了昔日的严谨作风，充分体现了劣币驱逐良币的效应。比如，联合国前秘书长潘基文就因为媒体环境的恶化而在 2017 年 2 月 1 日宣布退出韩国总统的竞选。他当时在讲话中抱怨，人格谋杀、虚假新闻甚嚣尘上，令他本人、家人和联合国的名誉大损。另一名韩国总统竞选人城南市市长李在明也在 2017 年 1 月召开记者会，宣称将对韩国 TV 朝鲜电视台提起刑事诉讼。原因是该电视台报道李在明涉嫌强制让其哥哥入住精神病院等消息。

在过去，我们过去获取信息的方式多数都是通过正规的媒体和渠道，我们接收的信息大多是真实的，经过核查的。虽然也有一些虚假信息，但毕竟是少数，人们也愿意相信媒体呈现的是真实的信息。但是，现在我们主要通过网络、通过社交媒体获取信息，这些信息充斥着大量

① 胡泳：《后真相与政治的未来》，2018 年 2 月 6 日（www. chinathinktanks. org. cn）。

② 《虚假新闻泛滥成多国新愁》，2017 年 2 月 9 日，环球网（http：//world. huanqiu. com/exclusive/2017 – 02/10091955_2. html）。

的谣言，刚开始受众可能不太接受这样的渠道和信息，但是时间长了以后，我们就习惯于这种信息获取方式了。一旦人们习惯了这样一种渠道和信息，就不太关心这些信息的真伪了。所以，在后真相社会，真相变得次要，次要到完全不管它。网络媒体上的东西，大家只要觉得好玩，不管是不是真的，就会去转发。而主流媒体上的信息，即使是真的，他们也会持怀疑态度。在这样的社会语境下，相较于主流媒体，网民们更愿意相信彼此，如出现与自己立场相悖的证据，人们倾向于无视这些信息。

三 政治辩论与民主的危机

后真相政治的出现，对民主造成巨大挑战。美国布鲁金斯学会有效公共治理中心创始主任伊莲·卡马克接受《环球时报》记者采访时表示，虚假新闻有可能实实在在影响美国的民主，然而治理该问题挑战很多。比如美国宪法修正案规定，政府不能干涉言论自由。她认为，对于虚假新闻，社交媒体应该采取相应措施，并教育用户，以提高鉴别假新闻的能力。

在 2016 年的英国脱欧事件中，“后真相政治”被表现得淋漓尽致。主张脱欧的人设计了一个简单然而十分有效的口号——“夺回控制权”。英国人不分阶层和代际差异被打动，因为每个人都有把钱从布鲁塞尔拿回来并投入国民健康系统的想法。为了在全民公决中获胜，脱欧阵营不惜谎称英国每周要向欧盟支付 3.5 亿英镑（合 5.1 亿美元）。虽然众多事实核查者指出该数字为虚构，脱欧派还是把它刷在活动的大巴上，四处揽票。英国统计局局长安德鲁·迪尔诺特爵士表示，这是在误导且破坏对官方统计数据的信任。财政研究所把该数据称之为“荒谬的”。但脱欧派丝毫不为所动，继续高喊口号：“我们每周向欧盟送去 3.5 亿英镑。让我们为我们的国民健康系统提供资金。投票离开欧盟。”在赢得全民公投之后，如此耸人听闻的承诺被一位脱欧领导人轻描淡写地当作一个“错误”而打发，而另一位则把它解释为“一个愿望”。[1]

① 胡泳：《后真相与政治的未来》，2018 年 2 月 6 日（www. chinathinktanks. org. cn）。

在后真相语境下，政治辩论主要被情感诉求所左右，与政策细节相脱离，真相变得次要。“后真相政客”不相信证据，甚至是客观的现实。而没有了事实，新的政治大师就会变成政治化妆师和政治技术专家。如此的后真相政治，会对民主政治造成巨大打击，甚至导致暴政的卷土重来。耶鲁大学历史学教授蒂莫西·斯奈德在特朗普当选后出版了《论暴政：20 世纪的 20 个教训》一书，其中就指出，当你放弃你想要听到的事情和实际情况之间的区别，你就是在承认暴政。在斯奈德看来，接受不真实就构成了暴政的先决条件。所以他说：“后真相就是前法西斯主义。”他还警告说：“放弃事实就是放弃自由。”①

第三节　虚假信息的驱动因素

造成真相衰退、虚假信息泛滥的原因是多方面的，既有主观或客观原因造成的失误，也有恶意的造假。

一　注意力稀缺时代情感比事实更有效果

态度改变一直是传播效果研究关注的一个重要内容，并形成了很多关于态度改变的理论，如卡特赖特的劝服模式，卡尔·霍夫兰的态度改变学说等。这些理论的一个基本假设就是态度是影响传播活动发挥效果的重要因素。尤其是卡尔·霍夫兰，他是把劝服理论和心理学的实验法引入传播学的先驱。他采用实验法来检测态度的改变程度，并以此来检验传播的效果。通过实验，他发现了影响劝服效果的多种因素，如传播者的威望、传播的技巧、受众的类型等。关于传播的技巧，他指出，“动感情的呼吁较之逻辑的呼吁更能保持态度的改变”。也就是说诉诸情感的表达比诉诸事实的陈述更有可能影响受众。

为了吸引大众的眼球，传播者喜欢用煽情的故事、绝对化的语气、虚假的数字来进行表达和陈述。因为讲事实、讲证据、讲理性的文章并不会引发大量关注，而不顾真相，只顾情绪宣泄和价值判断的煽动性文

---

① 胡泳：《后真相与政治的未来》，2018 年 2 月 6 日（www. chinathinktanks. org. cn）。

章更能引起舆论风暴。比如在江歌案中，社交媒体利用公众情绪，煽动仇恨、制造冲突，呈现出情绪比真相更重要的后真相时代的舆论生态。同样，在汤兰兰事件中，媒体与公众各执一词，观点与情感占据了上风，本该被关注的“案情真相”却被抛诸脑后，舆论转而直指媒体的“动机”与“阴谋”，《南方周末》、澎湃新闻、《新京报》等牵涉媒体被放在了风口浪尖，任何证据和说辞在强大的舆论面前，都失去了效力，媒体也如政府一样，陷入了公权力的“塔西佗陷阱”。这充分地暴露了社交媒体时代社会信任的裂缝正在不断加大。在该事件中，媒体指责公众情绪过激，而公众指责媒体失序。在双方的混战中，群情激奋，众声喧哗，每一方都相信自己出于正义。网友们的关注点不是案件本身，而是质疑媒体——澎湃新闻和《新京报》的报道立场和动机，两篇文章的作者都遭到了网友的人肉搜索。凤凰网在发表评论《放过汤兰兰也放过记者，请回归案件本身》后也未能幸免，凤凰网被一些激进的公众骂为文人相“亲”，抱团洗白。在江歌案中，也曾经出现过公众注意力失焦的问题，而汤兰兰事件表现得更加明显。后来《新京报》发布了有关汤兰兰的调查视频，力图厘清案件的疑点，继续探讨此案存在冤案的可能性。但舆论在此刻开始第二次失焦，全民发起了“该不该寻找汤兰兰，你该站哪一边”的话题。八成多的人站在了不该寻找汤兰兰的一边，出于对当事人遭到二次伤害的担忧，公众谈论的焦点转变为：请不要再打扰当事人汤兰兰了。

事件的焦点一再被模糊，这背后的原因是什么？一个原因是在真相缺失的时代，观点与情感占据了上风，公众与媒体之间的信任危机进一步加剧。在这样的情形下，媒体即使呈现了证据也都会失去效力，公众全部的回应只有“我不信我不信!”另一个原因是部分公众对自身脑海中既成事实的先入为主的观念影响了自己的判断。比如在江歌案中，即使法律上尚未结案，公众也似乎早有了各自的定论。认知不协调理论认为，公众被之前议题中的情感因素与观点影响，形成了既定立场，也带着这种立场审视新出现的事实内容，从而影响其判断。在汤兰兰事件中，媒体公布汤兰兰的身份信息，早就触发了公众的怒火，既定的情感判断形成之后，回归案件本身的报道也很难再吸引其注意力。

二　专业把关环节的缺失带来虚假信息的广泛传播

新媒介技术的快速发展，社交媒体的广泛应用，消解了职业媒体人的权威和垄断地位，也赋予了普罗大众传播的权利，人人都拥有了传播平台，个个都成为传播者。而网络传播的开放性、匿名性、自由性给虚假信息的传播提供了可乘之机。为了与新兴媒体抢夺时间，传统媒体也常常省略了把关环节，对未经核实的新闻进行快速转发。如此，没有了传统媒体时代的三审三校制度，缺少了专业机构的调查取证环节，互联网上的虚假信息犹如病毒一般，疯狂肆虐，成为了当今社会的一大顽疾。当未经核实的虚假信息出现在互联网上，很多不明真相的人通过点击、评论、转发等方式，进一步加剧了虚假信息的扩散速度和范围，影响很快形成。比如，2016 年 2 月，关于特朗普的一条假新闻——特朗普在北卡罗来纳州的竞选集会期间，殴打了一名与其政见不同的听众——被某人转载到了自己的网站上，并在脸书网（Facebook）上粘贴了文章的链接，结果这条假新闻被分享了 800 余次。[①] 韩国媒体工会联盟创办的周刊《媒体今日》列出了 2016 年十大虚假新闻，其中有一条是，5 月 18 日下午，韩联社称江原道横城郡发生 6.5 级地震，或引发山体滑坡、建筑物倒塌，"是不是朝鲜进行核试验等带来的人工地震尚未得到确认"。实际上，这是韩国气象厅给媒体发送的用于演练应对灾害的信息，但韩联社匆忙之下未核实就发布了新闻。无独有偶，2015 年 2 月，韩国各媒体纷纷以"快讯""紧急新闻"形式报道了朝鲜前总参谋长李永吉被处决，并煞有介事地进行相关分析。但 3 个月后的朝鲜劳动党第七次全国代表大会上，朝鲜媒体报道称，李永吉被选任为朝鲜劳动党中央军事委员会委员、政治局候选委员。[②]

---

① 《马其顿小镇青年靠炮制"特朗普掌掴观众"假新闻成名之后》，2017 年 3 月 9 日，科通社（http：//www. vccoo. com/v/ywm227？ source = rss）。

② 《虚假新闻泛滥成多国新愁》，2017 年 2 月 9 日，环球网（http：//world. huanqiu. com/exclusive/2017 – 02/10091955_2. html）。

三 后现代主义和相对主义的入侵

令真相和虚假混为一谈的，还有后现代主义和相对主义的全面深入。哈桑在《后现代转折》中对后现代主义的总体特征进行了一些概述，认为零乱性或片断性是后现代主义的一个重要特征。[①] 后现代主义的核心主张就是反理性主义。后现代主义认为理性和智力是宰制的形式，必须通过感情和身体来寻求革命性的解放。宁要情感也不要以事实为基础的论证，由此获得了正当性。后现代思想流派采纳了尼采的格言：没有事实，只有诠释。事件只意味着叙事版本的不同，谎言可以巧辩为“另一种观点”或“意见”，因为“一切都是相对的”，“每个人都有自己的真理”。[②]

后现代主义直接导致相对主义。后现代主义不是不讲道德，而是反对统一道德；不是否认真理，而是设定有许多真理的可能性，从个人的、情境的、文化的、政治的角度。后现代主义反对连贯的、权威的、确定的解释（包括对圣经，和其他信仰宣告）。个人的经验、背景、意愿和喜好在知识、生活、文化上占优先地位。这样的相对主义，导致评判价值的标准不甚清楚或全然模糊。

后现代主义产生的思想文化背景是现代科学的发展否定了绝对理性。爱因斯坦的相对论、海森堡的不确定性原理、哥德尔的不完全性定理等新的科学理论的提出，使传统理性主义对理性的绝对性、先验性的信念受到巨大冲击。后现代主义吸收和利用了这些新的科学理论中的“不确定性”“非中心性”“非整体性”“非连续性”等核心内容。后现代主义的产生还与当时的社会现实有关，资本主义的发展，使各种社会矛盾日益激化，资本主义所固有的各种弊端也充分暴露出来，经过理性启蒙的世界并没有实现理性的许诺，尤其是两次世界大战给人类带来了空前深重的灾难，因此，后现代主义弥漫着悲观的情绪，对现代性和工

---

① ［美］哈桑：《后现代转折》，载王一川编《后现代主义文化与美学》，北京大学出版社 1992 年版。

② 胡泳：《后真相与政治的未来》，2018 年 2 月 6 日（www. chinathinktanks. org. cn）。

业文明进行了全面的否定和批判。

后现代主义和相对主义的入侵，在全世界产生了深远的影响。虽然后现代主义对现代性的批判有其合理的一面，它注重情感的重要性，强调个性、浪漫、自由，以人为本，但是后现代主义的偏激思想对世人产生了很多不良影响。比如，它对于现代主义持完全否定的态度，把自己和现代主义看作是完全对立的两极。它否定统一标准，否定绝对事实，影响了人们对真相和真理的追求，使观点和情绪占据了上风。

四　为了政治目的或经济利益故意造假

“后真相”还常常与政治组合，称为“后真相政治”，用来指有些政客利用社会上存在的偏见和不满情绪，不断发表煽动式言论，曲解事实，滥用信息，以赢得大量非理性的支持者的情形。特别是英国脱欧公投和美国总统大选期间，“后真相政治”经常见诸媒体。《华盛顿邮报》对 2016 年美国两位总统竞选者在竞选期间的 314 条言论、政见进行了事实核查。结果发现，特朗普的 92% 的言论都是虚张声势和失实的。[①] 人们也因此送给了特朗普一个雅号——“后真相政客”。与特朗普一样被称为“后真相政客”的还有伦敦市前市长鲍里斯・约翰逊。约翰逊原本一直是前英国首相卡梅伦的支持者，但 2016 年 2 月 21 日他突然宣布自己支持“脱欧派”，在随后的造势活动中，约翰逊毫不留情地发表政见，用尖锐的语言猛烈抨击、贬低卡梅伦提出的“留欧”观点。有评论认为，约翰逊此举不过是为了迎合英国人的“保守心理”，也有人说，他是在“捞取政治资本”。但是，让人猝不及防的是，2016 年 6 月 30 日，他突然宣称自己不再参加保守党的党魁竞选，也就意味着他将退出首相竞选。不按常理出牌，似乎已成为了约翰逊的“标签”。他一改英国政治家说话严谨、注重形象的传统，不修边幅地出现在公众场合，还经常穿着西装骑着自行车在大街上跑，他也是英国目前唯一一位让人们直呼其名的政治家。但有人认为，他看似桀骜不驯的外表下，有

① 《牛津词典 2016 年度词：后真相，还有真相存在吗?》，2016 年 11 月 22 日，腾讯文化（http：//cul. qq. com/a/20161122/002451. htm？ pgv_ref = aio2015&ptlang = 2052）。

着超常智慧甚至深厚的心机。所以，与他有着不同立场的英国媒体把他称为“穿着泰迪熊外衣的狡诈狐狸”[①]。不管是出于什么目的，鲍里斯·约翰逊在此次“公投”的造势过程中，赢得了更多曝光率和支持者，并最终带领“脱欧派”在全民公投中获胜。许多人因此将2016年英国的“脱欧”公投与美国总统选举的最终结果，归咎于“后真相政治”。

除了政客们的煽情和造假，一些反对政府或某项政策的力量也会故意造假。如德国《明镜》周刊就曾报道，19岁的叙利亚难民莫达马尼就因为一张与德国总理的自拍照片被滥用而饱受威胁。默克尔在2015年9月访问位于柏林的难民营时，莫达马尼随手拿出手机和德国女总理自拍，并把这张照片上传到了他的脸谱页面。刚开始，这幅友爱的画面感动了不少人，但在2016年3月，一位名为“匿名者”的脸谱用户在其页面上把这张自拍照片和比利时恐怖袭击主嫌犯的“照片”放在一起，并附上了“愚蠢啊，默克尔和恐怖分子合影了”这样的文字。该消息随后在脸谱上被疯传超过20万次，莫达马尼和他的寄宿家庭因此受到很多仇恨言论的威胁。但噩梦并没有结束，2016年12月的柏林圣诞市场恐袭事件中，他的照片被再次滥用。有脸谱用户将莫达马尼的照片拼贴到现场图上，标题为：圣诞夜，一名流浪汉在柏林地铁站被7名年轻难民火烧攻击。由于被当作是恐怖分子，莫达马尼曾不得不躲在朋友家。[②] 这起假新闻事件的背后，不过是反对默克尔难民政策者蓄意为之，却给当事人造成了深重的影响。

这只是全球假新闻的冰山一角。据德国柏林自由大学新媒体学者罗恩梅尔的观点，全球假新闻已经形成了一条产业链。[③] 在美国总统选举的最后几个星期，被《卫报》和BuzzFeed网站揭露的马其顿韦莱斯镇假新闻村就是一个很好的证明。在这个人口仅为5.5万的小镇上，竟然

---

① 《任性政客约翰逊，请把英国带走》，2016年7月6日，人民网（http：//paper. people. com. cn/hqrw/html/2016－07/06/content_1726021. htm）。

② 《虚假新闻泛滥成多国新愁》，2017年2月9日，环球网（http：//world. huanqiu. com/exclusive/2017－02/10091955_2. html）。

③ 同上。

注册了 100 多家支持特朗普的网站，其中许多网站上充斥着耸人听闻的假新闻。而制造这些假新闻的，几乎都是些活跃在社交媒体上的年轻人，他们根本不关心这些假新闻会带来什么样的后果，也不关心选举的结果，一心只想着赚钱。比如，一位 18 岁退学在家的高中生，在 2016 年 8—11 月期间，他运营的两家支持特朗普的网站，依靠谷歌广告所获得的收入接近 16000 美元，而马其顿的人均收入每月才 371 美元。[①] 如此高额的回报驱动着很多年轻人纷纷加入了假新闻传播的行业。为了经济利益，制造冲突、吸引眼球成为他们选择信息、陈述事实、传播信息的标准。

---

① 《马其顿小镇青年靠炮制“特朗普掌掴观众”假新闻成名之后》，2017 年 3 月 9 日，科通社（http：//www. vccoo. com/v/ywm227？ source = rss）。

第三章

大数据时代的信息安全

人类进入21世纪，随着移动互联网的普及、全球化浪潮的兴起以及网络数据的海量增长，网络信息安全问题成为了影响政治、经济、文化和个人生活的全球性问题。网络信息安全的范围大到国家军事政治等机密安全，小到商业企业机密泄露、青少年对不良信息的浏览、个人隐私的泄露等。网络信息安全问题不仅可能会让国家利益受到损害，也可能会使企业的商业秘密遭到破坏，还可能危及公民个人的生命和财产安全。因此，为了应对网络信息安全的挑战，中国专门成立了网络安全与信息化领导小组，并且亲自由习近平总书记担任组长，这个组长和办公室规格之高，前所未有，这充分说明了网络信息安全对一个国家的深远影响。

第一节　信息安全的内涵与发展历史

一　“信息安全”概念的发展演变

信息安全一词最初出现在20世纪50年代，当时主要是指通信安全、信号安全。60年代末，随着计算机的出现，美国提出了计算机安全这一概念。到80年代中期，美国和欧洲先后使用信息安全和信息系统安全的概念，范围涉及通信安全、计算机安全、发射安全、传输安全、物理安全和相关人员安全等。但信息安全问题一直没有得到重视，直到80年代末出现了两件事。第一件是1988年，美国康奈尔大学研究生莫里斯利用计算机病毒让美国国防部等部门或机构连接互联网的六千台计算机瘫痪数日，占当时上网计算机总数的十分之一，造成上亿元的损失。第二件是1989年，美国与联邦德国联手破获了苏联收买西德大学生的间谍案。这些大学生中的黑客渗入欧美十余个国家的计算机，获取了大量敏感信息。① 这两起事件促使西方乃至全世界开始高度重视信息安全问题。美国在当年就在卡内基·梅隆大学建立了世界上第一个专门对付计算机攻击的计算机应急小组及其协调中心。

进入20世纪90年代中期，很多国家开始接入互联网，互联网天然的脆弱性让信息安全问题更加凸显。为了应对不断出现的信息安全问题，很多国家和地区陆续发布了网络安全战略，制定了一系列保护网络信息安全的法律制度和管理措施，并着手研发各种安全防护技术，积极参与国际行为准则和安全标准的制定，试图从战略、战术层面构建起国家信息安全体系，提高网络信息的安全性、可控制性和易管理性。“信息安全”一词陆续出现在各国和地区的政策文献中，相关的学术研究也逐步增加（见表3—1）。②

表3—1 2000—2014年“信息安全”在各类文献中的使用情况

时间	政策文件	备注
2000年6月	俄罗斯出台《国家信息安全学说》	对信息安全的目标、任务以及实施原则做出明确界定
2001年10月	《数字APEC战略》中提出“加强信息安全、个人数据保护和消费者信任”	在上海举办的亚太经合组织第九次领导人会议上发布的文件
2002年4月	中央办公厅和国务院办公厅发布《关于进一步加强互联网新闻宣传和信息内容安全管理工作的意见》	中办国办发〔2002〕8号，文件名中提出了“信息内容安全”的概念

① 《1989年第一个计算机应急小组及其协调中心成立》，2008年12月3日，比特网（http://sec.chinabyte.com/65/8617065.shtml）。

② 王世伟：《论信息安全、网络安全、网络空间安全》，《中国图书馆学报》2015年第3期。

续表

时间	政策文件	备注
2003 年 9 月	中央办公厅发布《国家信息化领导小组关于加强信息安全保障工作的意见》	中办发〔2003〕27 号，文件中提出实行信息安全等级保护等要求
2003 年 10 月	日本政府发布《信息安全综合战略》	日本国家信息安全政策文件
2004 年 9 月	中共中央发布《关于加强党的执政能力建设的决定》	首次将“信息安全”列入党的文件
2006 年 1 月	国家信息化领导小组发布《关于开展信息安全风险评估工作的意见》	国信办〔2006〕5 号，文件名中使用了“信息安全风险评估”的概念
2007 年 3 月	欧盟理事会通过题为《关于建立欧洲信息社会安全战略的决议》的政策文件	文件名中使用了“信息社会安全”的概念
2010 年 2 月	《信息安全技术基于互联网电子政务信息安全实施指南》中国国家标准（GB/Z 24294 –2009）	2009 年 7 月完成，2010 年 2 月正式实施，文件名中使用了“信息安全技术”的概念
2010 年 5 月	日本政府发布《保护国民信息安全战略》	日本政府细化的信息安全政策文件
2011 年 3 月	法国发布《信息系统防御和安全战略》	文件名中使用了“信息系统防御和安全战略”的概念
2011 年 9 月	由中国、俄罗斯、塔吉克斯坦、乌兹别克斯坦四国共同起草提交了《信息安全国际行为准则》	提交给第 66 届联合国大会，这是从联合国层面推进全球信息安全治理的积极尝试
2011 年 10 月	中国国家工业与信息化部信息安全协调司发布了《关于加强工业控制系统信息安全管理的通知》（工信部协〔2011〕451 号）	文件名中使用了“信息安全管理”的概念

续表

时间	政策文件	备注
2012 年 7 月	国务院印发了《关于大力推进信息化发展和切实保障信息安全的若干意见》	对 2012 年之后一段时期的重要工作提出了要求
2014 年 11 月	第十二届全国人民代表大会常务委员会第十一次会议通过《中华人民共和国反间谍法》	文件中使用了“国家秘密、商业秘密和个人隐私”的概念
2014—2016 年	中国成立了中央网络安全和信息化领导小组，出台《中华人民共和国网络安全法》《国家网络空间安全战略》	完成了网络安全强国的顶层设计，将“以安全保发展，在发展中求安全”升级为“以安全保发展，以发展促安全”。

在中国，信息安全已上升至国家战略，其标志就是 2014 年中央网络安全和信息化领导小组的成立。随后，中国政府在顶层设计上采取了一系列密集型措施，如 2016 年年初，网络安全被正式列入“十三五”规划重点建设项目，在政府未来 5 年的 100 项重大建设项目中排在第六位；2016 年 11 月，中国网络安全的第一部基础性法律《网络安全法》通过，并于 2017 年 6 月 1 日起施行；2016 年 12 月，国家互联网信息办公室发布了《国家网络安全战略》。政策的引导和驱动，也促进了信息安全市场的繁荣和产业的快速发展。政府、电信、金融、能源、军队、教育、电商、交通等行业对信息安全产品与服务需求强劲，信息安全产业规模从 2012 年的 157.26 亿元上升至 2016 年的 341.72 亿元，五年内年均复合增速达到 21.41%。[①]

二　信息安全的内涵和范围

信息安全的概念随着信息社会的发展而不断演进。其含义从当初单

① 《我国网络信息安全产业概览》，2017 年 6 月 19 日，红客学院（http：//www.cn-hongke.org/article/44023）。

纯的通信保密、信号安全，发展到后来的计算机安全、信息安全。但有关信息安全的定义一直存有争议，主要有如下几种含义。①

（1）信息安全主要是指信息产生、制作、传播、收集、处理直到选取等信息传播与使用全过程中的信息资源安全。关注点集中在信息传输的安全、信息存储的安全以及网络传输信息内容的安全三个方面。

（2）信息安全是指一个国家的社会信息化状态和信息技术体系不受外来的威胁与侵害。它是从国家安全角度出发，强调的是社会信息化带来的信息安全问题，一方面是指具体的信息技术系统的安全；另一方面则是指某一特定信息体系如国家的金融信息系统、作战指挥系统等的安全。

（3）信息安全是对信息、系统以及使用、存储和传输信息的硬件的保护，是所采取的相关政策、认识、培训和教育以及技术等必要的手段。重在强调手段，不仅包括技术手段，还包括管理等方面。美国国家安全电信和信息系统安全委员会（NSTISSC）就是采用的这个定义。

（4）信息安全是确保储存或传送中的数据，不被他人有意或无意地窃取与破坏。包括四个方面的内容：一是信息设施及环境安全，包括建筑物与周遭环境的安全；二是数据安全，就是数据不会被非法入侵者读取或破坏；三是程序安全，即软件开发过程中的品质及维护；四是系统安全，即维护计算机系统正常运作。

（5）中国1994年颁布的《中华人民共和国计算机信息系统安全保护条例》中指出，信息安全是指防止信息被故意或偶然非法授权泄漏、更改、破坏或被非法系统辨识、控制，即确保信息的保密性、完整性、可用性、可控性。这个定义强调信息安全与计算机安全密不可分。

从以上几种定义看出，信息安全涉及的范围较为广泛。从安全层次看，可以分为物理安全、运行安全、数据安全三个层次。从构成来看，包括计算机软硬件系统、各种应用软件、安全协议、安全机制等。其细分产品非常多，大的有三类，小的十二类。具体产业构成如图3—1所示：

---

① 俞晓秋：《国家信息安全综论》，《现代国家关系》2005年第4期。

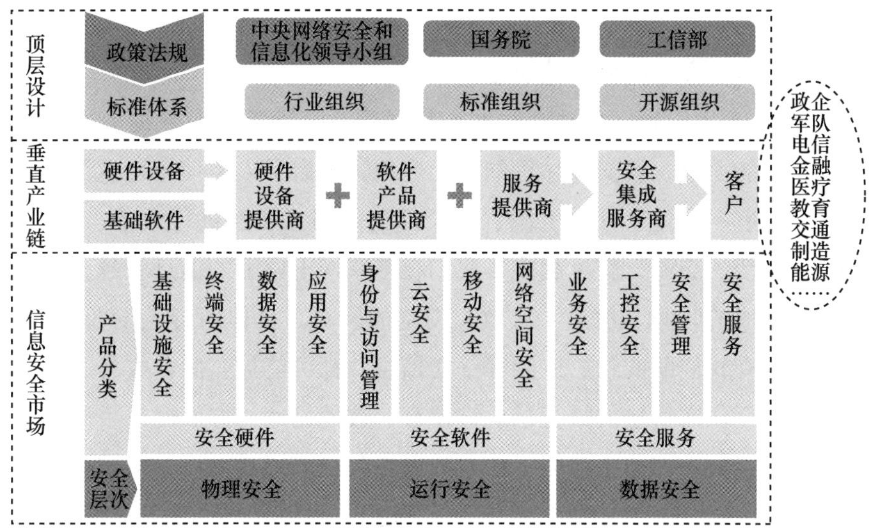

图 3—1　信息安全涉及的范围

所以，笔者认为，信息安全是指网络基础设施、计算机软硬件系统、信息内容等通过技术、法律、管理、道德等手段的保护，不受偶然的或者恶意的原因而遭到破坏、更改、泄露，信息系统可以连续可靠正常地运行，信息服务不中断。而目前国内的安全建设和防护思路侧重于物理安全、运行安全、数据安全这样的顺序，即物理安全为主，数据安全被置于最后的位置。随着大数据重要性的凸显，数据安全应该得到应有的重视并尽快建立完备的数据安全产业链。

但是，信息安全的概念和范围不是一成不变的，其内涵所涉从起初的军事领域和军队等特定群体迅速地扩展到了信息化时代社会生活的方方面面，已经关乎每一个人。在今天，信息安全又延伸出网络安全、网络空间安全等概念。信息安全的目标从最初的作战信息保密，发展到了信息在各环节的完整性、可用性、可控性；信息安全的防护由最初的“防止泄密”发展成为防范、监测、管理、评估、控制、攻击等多方面的基础理论和实施技术。目前它正在向鉴别、授权、访问控制、抗否认性以及个人隐私、知识产权等的保护等方向不断扩展。信息安全的研究也由原来的密码学扩展到了计算机科学、管理信息系统、法学、心理学、社会学等诸多学科领域。

三 信息安全成世界性问题

进入 21 世纪后，移动互联网、物联网、云计算、大数据等技术的兴起，智能手机、社交媒体等的广泛应用，开启了人类信息化生活的新时代。政府、企业、社会组织、个人都在使用互联网进行政治、经济、文化、生活的交流，交流越多，我们在互联网上留下的信息就越多。我们每天上网的时间、地点、次数，浏览的网页、具体内容，发的微博、微信，还有我们的购物、旅游等一切信息，都可能被监测、收集、存储和分析。互联网信息的被记录、被留存、被使用，一方面促进了商业经济的发展，另一方面也加剧了信息的安全问题。请看下面一组数据。①

2015 年，美国人事管理局承认，遭遇“史上最大的黑客案”，波及 2210 万人，占到美国总人口的 7%。

2016 年 2 月，孟加拉国央行因黑客入侵损失 8100 万美元，成为史上最大规模的网络盗窃案。

2016 年 9 月，黑客组织“魔幻熊”入侵世界反兴奋剂机构资料库，窃取并公布部分美国运动员获得特许、服用禁药的文件，在国际体坛引起轩然大波。

2016 年 6 月，中国互联网协会发布的《中国网民权益保护调查报告（2016）》显示，网民“个人身份信息”泄露最为严重，占比 72%，其次为“个人网上活动信息”泄露，占比 54%。

2017 年 5 月，一款名为 Wannacry 的勒索病毒在全球爆发，150 多个国家遭殃。感染该病毒后，不到 10 秒，电脑里所有文件全被加密无法打开，需支付一定的比特币才能解锁。英国至少有 9 家医院遭到大范围网络攻击，内网被攻陷，电脑被锁定，电话也打不通。俄罗斯、西班牙、意大利等国家以及中国的很多高校、中石油等企业也没能幸免。

2017 年 6 月，Petya 勒索病毒变种又导致乌克兰、俄罗斯等欧洲多国大面积感染。与 Wannacry 相比，Petya 勒索病毒变种具有更强的杀伤

---

① 《网络安全成全球难题 世界需要“中国方案”》，2016 年 9 月 20 日，湖北网台（http：//news. hbtv. com. cn/p/277321. html）。

力，它的传播速度更快——每 10 分钟感染 5000 余台电脑，而且具备全自动化的攻击能力，主要利用“管理员共享”功能攻击内网其他机器，即使电脑打齐补丁，也可能被内网其他机器渗透感染。在欧洲国家重灾区，很多企业和公共设施大量沦陷，甚至乌克兰副总理的电脑也遭到感染。

可见，在信息全球化的今天，世界各国的信息安全都面临着严峻而复杂的形势，数据泄露将成为新的常态。

第二节　影响信息安全的因素

威胁信息安全的因素有很多，新兴信息技术的快速发展、法律法规的缺失、信息管理的疏漏以及个人安全防范意识的薄弱，都是威胁信息安全的重要因素。

一　新兴技术带来的安全风险

1. 云技术放大了信息存储风险

云存储是一种远程数字信息存储技术，该技术允许用户从互联网的任意互联设备接触其文件，大大增加了方便性，但同时也加剧了被盗或被泄露的风险。首先，云技术作为一种新兴技术，还在起步阶段，面对层出不穷的新威胁、新手段，安全防护的难度越来越大，无法抵御黑客和不法分子的多方攻击。这些攻击包括来自互联网的正面攻击，如黑客利用 Web 应用中的安全漏洞，盗取政府、企业数据库中的信息；还有来自同一云中的其他租客的攻击，如竞争者利用安全缺陷盗取同一物理机上对方虚拟机的密匙；另外就是遭到云服务商内部人员的攻击，如不满者利用管理员权限盗取用户信息等。其次，数据的优先访问权在云服务商，而不是拥有数据所有权的用户。一般来讲，政府和企业的数据都具有机密性，如果数据交给云服务商存储后，数据的优先访问权不在自己手中，数据的泄露风险就会大大增加。云服务商内部的管理人员，可以利用访问特权进行恶意或非法活动。再次，云计算“数据所有人与控制人分离”的模式增加了对网络信息在物理上监管和追责的难度。

传统的数据存储方式主要是把数据和信息存放于本地的计算机或服务器上，数据在逻辑上、物理上是可控的，因此风险也是可控的。在云技术模式下，用户的数据是存放在防火墙之外的远程服务器上的。传统存储方式可以借助机器或网络的物理边界来保障信息安全。而新的信息存储方式在发生信息安全事件时，日志记录可能分散在位于不同国家的多台主机和数据中心，因此即使是同一个云服务商部署的应用程序和托管服务，也可能难以追查记录，这增加了取证和数据保密的难度。

2. 大数据动摇了信息保护的原则

首先，大数据的精髓是资源公有和共享，但数据作为部门或企业组织的一种资源和资产，其属性又是私有和专用的。这一矛盾带来了发展和安全之间的冲突。如何确保发展和安全之间的平衡，对于政府和企业而言都是十分严峻的考验。为了有效开发、利用数据资源，促进数据产业的发展，就需要政府和企业把公共数据资源进行开放和共享，但数据的开放和共享，又带来了安全风险，如果遭到恶意攻击，就可能危及其他保密数据和整个信息系统的安全。而且，如何划分公有和私有、保密和公开数据的界限也是一个问题。其次，大数据产生的巨大商业利润常常诱使服务商漠视用户的隐私，进而威胁数据安全。大数据技术使互联网企业能够以极低的成本轻易地获取和处理用户的大量信息，如统计信息、购买行为、产品评价等，并通过出售、分析和挖掘等方式产生惊人的商业利润。根据美国咨询集团麦肯锡的报告《大数据：下一个竞争、创新和生产力的前沿领域》，大数据每年能为美国的健康行业贡献 3000 亿美元的潜在价值，为欧洲的公共管理行业创造 2500 亿欧元的潜在价值。[①] 因此，那些有机会接触客户庞大数据的网络平台和企业有动力以用户无法想象并且常常是无法察觉的方式挖掘大数据的商业价值。如大型金融机构把与其客户支付卡相关的数据售卖给零售商，以帮助他们改进商品或服务。在荷兰，一家 GPS 定位服务提供商将其用户移动的地

---

① 薛红吉：《麦肯锡“大数据”咨询报告译丛及观点摘录》，2013 年 4 月 16 日，中国云计算（http：//www. chinacloud. cn/show. aspx？ id = 12475&cid = 11&utm_source = tuicool&utm_medium = referral）。

理编码出售给政府机构，包括警察服务，而这些数据原本是用来规划自动变速雷达陷阱的优化安装的。[①]

3. 网络安全风险披露机制缺乏导致信息不对称

披露网络信息安全风险的成本、技术障碍以及法律保护的缺位，导致网络安全风险披露缺乏动力。由于公布网络安全风险事件可能损害市场份额、声誉以及客户群，私人企业往往缺乏披露网络安全风险事件的动力。有研究显示，每公开披露一个安全漏洞，经销商的股价平均下跌0.6%左右，这相当于每披露一次漏洞，就丧失大约8.6亿美元的市值。[②] 所以，很多公司都没有如何报告漏洞的指南，也缺乏指导研究者如何及何时公布漏洞的政策。我国的两大知名漏洞报告平台——乌云和漏洞盒子，就曾经披露过不少企业的网络安全漏洞。比如，2014年3月份，乌云公布了携程支付存在的系统漏洞，导致大量用户银行卡信息泄露，包含持卡人姓名、身份证、所持银行卡类别、银行卡号、卡CVV码、6位卡Bin等重要个人信息。[③] 还有很多大型企业如三大电信运营商，也被这两个平台发现不同程度地存在安全隐患。然而，2016年7月，乌云和漏洞盒子都宣布停止服务，其原因与它们没有取得合法地位有关。但它们的关闭无论对企业还是整个产业来讲，都不是好事。因为缺少这样的披露平台，企业的信息安全就缺乏第三方的监督和预警，很多企业就会对信息安全管理放松警惕，对自身存在的潜在风险也就意识不足。而整个行业如果缺乏真实反映网络安全风险的信息，也无法准确决定需要供给多少网络安全的产品、什么类型的安全产品。这一市场的失灵也会加剧网络信息安全的风险。

---

① 李晶：《“棱镜”折射下的网络信息安全挑战及其战略思考》，《情报理论与实践》2014年第4期。

② TELANG R., WATTAL S., “Impact of Software Vulnerability Announcements on the Market Value of Software Vendors - an Empirical Investigation”, *IEEE Transactions on Software Engineering*, Vol. 33, 2007, p. 8.

③ 《用户信息被泄维权有法可依 隐私非法交易明令禁止》，《法制晚报》2015年1月19日。

4. 电脑系统的软硬件存在缺陷招致非法攻击

由于电脑系统的硬件、系统软件（如操作系统）或应用软件存在漏洞（Bug），而一些政府组织、情报机构、犯罪分子都想拥有这些漏洞，并愿意支付不菲的价格来购买这些漏洞，这就形成了一个不小的市场，很多黑客就专门寻找这样的漏洞，并进行数据窃取，然后进行出售。尽管越来越多的软件公司都设立了漏洞奖励计划，如 Google，但奖励金额永远比不上暗市给出的价格。所以，黑客组织在最近几年越发专业化和猖獗。2014 年 3 月，携程网爆发“安全门”事件，就是因为携程网安全支付日志存在漏洞，导致大量用户银行卡信息泄露。[①] 雅虎网站在 2016 年也曾经被黑客入侵，导致约 2 亿用户的个人信息泄露。[②] 还有最近闹得沸沸扬扬的 58 同城用户简历数据泄露事件，成为众多媒体和网友关注的焦点。根据@清博舆情的大数据监测和分析，2017 年 3 月 25 日 18 时 30 分，网民主要持负面情绪，占比达 68.7%。很多热门公众号如 21 世纪经济报道、雷锋网、金融投资报等经济科技类公号都对此事进行了报道。[③] @21 世纪经济报调查分析认为，58 同城存在多处安全技术漏洞，一是移动端的一个接口就可以批量获取用户的简历 ID，二是另一个接口让用户的真实信息泄露，三是微店程序能够通过用户 ID 获取用户的电话号码。这些安全隐患为黑客攻击留下了大量的缺口，很多电信欺诈就是源于这样的信息泄露，有网友还借机讲述了在 58 同城上被骗的经历。难怪大量网友会对此次泄露事件表现出负面情绪，即便 58 同城回应会加强信息安全的防护工作，也难以消除社会对个人隐私安全的普遍焦虑。

5. 智能穿戴设备产生信息泄露

还有就是智能化的可穿戴设备（如谷歌眼镜）的普及，让隐私信息泄露变得更为严峻。一些新兴的应用软件能够让眼镜的佩戴者实时搜

---

① 《大数据时代个人信息安全面临三大问题》，《法制日报》2015 年 1 月 16 日。

② 《雅虎发生重大数据泄漏：2 亿用户信息被贩卖》，2016 年 9 月 22 日，腾讯网（http：//tech. qq. com/a/20160922/041244. htm）。

③ 资料来自清博舆情公众号文章——《58 同城信息泄露太可怕！姚劲波回应也难平舆论焦虑》，2017 年 3 月 25 日。

索到大街上看到的陌生人的照片及信息，并可以在网上同步传播。也就是说，在你毫不知情的情况下，你就被一个陌生人录像，甚至放在互联网上。这个场景让我们想起了《黑镜》里的镜头：你戴上黑镜后，在酒吧发现一个陌生的漂亮女孩，你可以大胆地走过去，准确地叫出对方的名字，还能说出你们共同出席的社交活动，对方问你的任何问题你都可以用最优的答案回答她。这一切源于你的眼镜具有摄像功能并及时回传给控制室的人，然后通过人脸识别技术实时从网上找到和这个女孩匹配的图片，再根据图片找到所有关联的数据。看到这里，是不是有种毛骨悚然的感觉？在这样的科技产品面前，我们每个人都无处遁形，犹如“裸奔”。更为可怕的是，随着大数据应用技术的发展，电影里的场景正在生活中上演。

二 法律不完善造成的信息滥用

1. 个人信息保护法缺失

整个信息网络涉及基础层面的基础设施，基础层之上的互联网中间平台，平台上的互联网用户，用户之上的互联网信息这样四个层级。每个层级都需要合适的法律法规来界定、管理和保护。如 2017 年 6 月 1 日施行的《网络安全法》，是以网络的运行安全为主，核心是解决网络基础设施安全，维护网络数据的完整性、保密性和可用性。然后兼顾个人信息保护、网络信息内容管理，以及如何推动网络安全产业发展。[①] 因此，涉及电信网络诈骗的个人信息保护等问题还分散于各个法律法规中，没有专门的个人信息保护法。如 2012 年全国人大常委会通过了关于加强网络信息保护的决定；2015 年刑法修正案（九）中有对个人信息保护的规定；2017 年的《网络安全法》确定了个人信息保护的基本规则。中国政法大学教授柳经纬认为，尽管已有多项法律在前，但“个人信息到底是谁的东西，仍是不明确的”[②]。因此，为了进一步明确

---

① 《网络安全法解读：开启我国信息网络立法进程》，2016 年 11 月 10 日，网易（http://news.163.com/16/1110/08/C5GFQ84000014SEH.html）。

② 《个人信息保护再“加码”依法收集须防泄露》，2017 年 3 月 22 日，科技日报（http://www.stdaily.com/kjrb/kjrbbm/2017-03/22/content_526596.shtml）。

侵权责任，保护个人信息，在2017年“两会”上，全国人大代表、天能集团董事长张天任提交了“关于制定《个人信息保护法》”的议案。

2. 监管套利

监管套利指互联网环境下，某些跨国企业通过选择适用自身偏好的法律以规避对己不利的监管。[①] 跨国的互联网企业可能基于监管套利“合法地侵害”他国用户的个人隐私和安全。以云服务商为例，云计算的服务器可能位于不同国家，而不同国家对数据安全义务的界定、数据丢失责任、隐私保护、数据的公开政策等均存在不同规定，云服务商就借助这些法律上的差异，选择有利于自己的法律条款保护自己。例如，谷歌的服务器在美国加州，它也在向中国的很多用户提供云服务，它的云端硬盘（Google Drive）服务要求用户同意谷歌可“依据谷歌的隐私政策使用其数据”，但谷歌有权随时改变其隐私政策。在谷歌最新的隐私政策中规定：“如果我们确信：为了满足适用法律、法规、法律程序的要求或强制性的政府要求的目的而有必要访问、使用、保留或披露相关信息，我们就会与谷歌以外的公司、组织和个人分享用户个人信息。”[②] 美国的《爱国者法案》规定：美国机构能自动获得与反恐相关的所有数据，而无须履行程序规定。也就是说，谷歌有权也有义务遵守服务器所在地的美国的法律要求，向国家安全局提供用户储存的数据。在棱镜门事件中，谷歌公司也牵涉其中。就美国法律而言，云服务商向美国政府披露用户信息是“合法”的，但对美国“合法”的东西却严重地侵犯了他国用户的个人信息隐私和安全，甚至可能影响他国国家安全。

3. 超出范围的使用

超范围使用，是指企业通过一定的所谓合法的形式拿到个人信息，但是拿到以后使用信息的目的、用途以及范围，并非信息权利主体所熟

① Froomkin A. M.，“The Internet as a Source of Regulatory Arbitrage”，Kahin B.，Nesson C. Borders in Cyberspace，*Information Policy and the Global Information Structure*，Massachusetts，MIT Press，1997，p. 129.

② 李晶：《“棱镜”折射下的网络信息安全挑战及其战略思考》，《情报理论与实践》2014年第4期。

知。我国新近出台的《网络安全法》虽然做出专门规定：网络产品、服务具有收集用户信息功能的，其提供者应当向用户明示并取得同意，并规定了相应法律责任。但是，互联网企业在收集信息之前可能已经告诉了用户，获取信息是基于特定的目的或者在特定范围内使用，但是，当互联网企业对收集到的数据做进一步分析或深层挖掘时所产生的衍生物，就有可能超出甚至违背最初的约定。特别是在面临巨大利润诱惑并且无人知晓的情况下，对用户信息的利用容易偏离初衷，造成信息滥用。

三　组织管理疏漏带来的安全隐患

1. 信息安全管理制度不完善

组织的信息安全管理，涉及组织自身的信誉和利益，对每一个可能存在信息安全漏洞的地方都应严格管理，对每一项信息安全管理的工作步骤都要明确要求。做到思想上高度重视，管理规范上严密完备。如果组织内部信息安全管理意识不强，制度不完善，就可能产生各种隐患。比如在设计内部网络时，很多组织把精力放在如何防御外部攻击上，而对内部攻击的防御不够重视；内部网络缺乏审计跟踪机制，或者由于网络管理人员缺乏安全意识和技能的培训，对日志和其他审计信息不重视、不认真。这些安全管理的不到位，都是导致安全问题增加的重要因素。

2. 对内部员工缺乏监督

组织的信息安全管理还建立在相关工作人员认真履行职责、规范操作的基础上。因此，单纯通过技术手段和规章制度对组织内部的信息进行安全管理，并不能实现对信息的有效控制。倘若对信息安全管理的工作人员缺乏审查、限制和监督，则无法从根本上实现信息安全和利益的维护。如一些组织和部门没有建立涉密人员数据库，也没有签订保密承诺书，对个人信息的调取权限没有进行规范而具体的规定，对泄露信息的惩戒也不到位等，导致某些员工为了个人利益，将信息泄露给一些非授权的人。2014 年，支付宝前技术员工涉嫌将多达 20G 的用户数据非法贩卖给他人，曾引起广泛关注；2016 年，国家电网“掌上电力”、

"电 e 宝"APP 在绑定用户推广过程中也疑似出现员工泄露数据的情况。大量的数据从各地供电公司流入淘宝，再从淘宝店铺倒卖至黑色产业。[①] 在利益驱使下，信息泄露事件频频发生，电信、银行、保险、医疗、教育、快递、房屋买卖等行业掌握了大量的用户信息，是信息泄露的重灾区。这些泄露的信息流入市场，形成了非法的信息交易产业链。

3. 信息安全管理系统投入不足

组织信息的安全防护，除了规范的制度和执行制度的人，还要靠硬件技术和设备。有的企业组织并没有把信息安全放在首位，在安全技术设备上投入不足，面临的安全风险自然会增加。虽然很多大型企业和财政收入较多的政府部门，因为拥有足够的资金，足够的人力资本，也比较重视安全管理，在安全管理系统上舍得投入；但是，很多大型企业和政府部门的安全策略和技术架构是在多年前建立的，而攻击方往往采用的是最先进的手段和工具，攻击和防御的策略和成本是不均衡的。对于一些有缺陷的应用软件，最好的质量监控程序有时也无法捕捉到每一个错误。组织想通过不断打补丁的方式增强自身的安全防御也是不现实的。面对信息安全问题，很多企业只有面临紧急情况时才意识到问题的严重性。而为数众多的中小型企业和财政困难的政府部门，在管理人员和管理技术的投入上本来就十分有限，其存在的安全隐患更大。

四 用户安全意识薄弱导致的隐私泄露

由于自身安全意识薄弱，我们也常常会无意识地泄露自己的信息。2017 年，中央网信办启动了新一轮的网络安全意识调查活动，调查时间一个月，对象覆盖全国 31 个省区市，年龄从孩童到老人都有涉及，共收回 254591 份有效问卷。并于 2 月份的国家网络安全宣传启动周上发布了《我国公众网络安全意识调查报告》（简称《报告》）。这份报告暴露了网民的诸多安全问题，比如密码设置过于简单，多个账号一个密码，未定期更换密码等，都很容易产生信息泄露。《报告》显示，

① 《国家电网否认泄露用户信息 但网上还在交易》，《南方都市报》2016 年 12 月 14 日第 A12 版。

66.98%的网民认为“本人保护不当，自我保护意识太差”是导致个人隐私泄露的主要原因。而其中青少年占比最高，达73.92%。比如，随意扫描二维码，从而遭遇植入式病毒或木马侵入；链接公共免费WiFi，导致信息被盗；将自己的账号随意转借他人或与别人共享，致使财产被转移等。还有随时在微博、微信上发布自己的位置和动态信息也是非常不安全的举动。因为在大数据时代，数据量非常大，且关联性极强，只要运用数据挖掘技术进行分析，我们很多隐私信息就暴露无遗。国外就有一些网站，能够根据用户所发的信息，推测出用户当前所在的位置、用户不在家的时间等。如果这些信息被非法利用，就会发生网络欺诈、抢劫等恶性事件，尤其是我们的老年网民，应对网络欺诈的能力较弱，维权意识又不强，不法分子利用网络进行欺诈的成功率较高。

第三节　信息安全问题带来的危害

随着信息网络覆盖面的扩大，信息安全问题所造成的影响和后果也随之增大。轻则影响公民的正常生活，重则危及国家和社会稳定与安全。

一　侵害公民合法权益

信息泄露是影响受众安全感的突出问题，会直接损害用户的许多合法权益，包括安宁权（即免受骚扰的权利）、接受真实信息权、知情权、选择权以及个人信息受保护的权利等。2016年6月22日，中国互联网协会、中国互联网协会12321网络不良与垃圾信息举报受理中心联合发布了《中国网民权益保护调查报告（2016）》[①]，调查显示，84%的网民曾亲身感受到由于个人信息泄露带来的不良影响。网民最重视的权益是隐私权，达到92%，其次是选择权和知情权。在关于安宁权的调查中，骚扰电话成为网民最反感的骚扰来源，紧随其后的分别是

① 《中国网民权益保护调查报告2016》，2016年6月26日，中国互联网协会（http://www.isc.org.cn/zxzx/xhdt/listinfo-33759.html）。

“电脑广告弹窗”和“APP 推送信息”。调查显示，80% 的网民认为，“诱导用户点击”是侵犯网民知情权和选择权的主要现象；其次是“预装软件无法卸载”，占 68%。此外，“手机、电脑中有些软件不知怎么来的”在此次调查中也占 66%，此类软件往往具有较大的安全隐患，颇受网民反感。“APP 获取个人信息，用户并不知情”的现象占 65%。“无法关闭广告信息”占 65%，“浏览器首页被绑架”占 53%。这些行为往往伴随着恶意代码或病毒，存在较大的风险，同时侵犯了网民的选择权。“无法拒收的商业短信”占 54%，“无法拒收的商业邮件”占 46%。

二 危及公民生命和财产安全

信息泄露也是滋生违法犯罪活动的“温床”。在很多国家，信息的泄露、收集、转卖，已经形成了完整的黑灰产业链。信息的泄露引发了许多电信诈骗、入户盗窃、绑架、敲诈勒索、暴力追债等恶性犯罪事件，严重威胁着个人的生命和财产安全。尤其是电信诈骗，已十分普遍。如 2016 年，山东两名大学生遭电信诈骗后死亡、清华大学教授遭电信诈骗损失巨额财产。中国公安机关 2016 年全年共侦破此类案件 1800 余起，抓获犯罪嫌疑人 4200 余人，查获各类公民个人信息 300 余亿条；其中，抓获涉及 40 余个行业和部门的内部人员 390 余人、黑客近百人。[①]《中国网民权益保护调查报告（2016）》列举了五种最常见的诈骗现象，其中“冒充银行、互联网公司、电视台等进行中奖诈骗”的现象最严重，有 76% 的网民遇到过；其次是“冒充 10086、95533 等伪基站短信息”占 66%；“冒充公安局、卫生局、社保局等公众机构进行电话诈骗”占 55%；“冒充苹果、腾讯等公司进行钓鱼、盗取账号的电子邮件”占 51%；在“社交软件上冒充亲朋好友进行诈骗”占 47%。调查显示，37% 的网民因收到诈骗信息而遭受钱财损失。我国网民因为垃圾信息、诈骗信息、个人信息泄露等遭受的经济损失人均 133

---

① 《盘点 2016 年侵犯公民个人信息犯罪十大典型案例》，2016 年 12 月 18 日，中国网（http：//henan. china. com. cn/news/2016/1218/3914327. shtml）。

元，总体经济损失约915亿元；9%的网民近一年来由于各类权益侵害造成的经济损失在1000元以上；每个网民平均时间损失3.6小时。[①]

三　影响国家政治经济安全

信息安全是国家安全的重要组成部分，信息泄露会危及国家的政治经济安全。随着人类进入信息时代，除了政府机关、科研院所、高等院校，金融、能源、军事等至关重要的基础性部门也越来越多地使用信息网络来传输和管理数据资源。而信息技术的发展使得对隐私数据的跟踪、收集和发布变得非常容易，新技术的跨地域性、隐秘性以及破坏的严重性，加剧了全球信息安全的脆弱性。网络技术先进的国家可以利用国际互联网的缺陷和别国的安全漏洞，大肆窃取别国的政治、经济、军事和技术机密信息。2013年美国的“棱镜门事件”就暴露出中国网络信息安全所面临的严峻挑战。据我国互联网新闻研究中心2014年5月26日发布的《美国全球监听行动纪录》披露，中国是美国在东亚非法窃听的主要目标，窃听范围涵盖国家领导人、科研机构、大学、企业等，北京、上海、成都、香港及台北等城市，均在美国国安局重点监控之下，QQ等聊天软件以及网络游戏都成为美国获取情报的渠道。如美英两国的情报人员曾假扮“玩家”，渗透到网络游戏“魔兽世界”“第二生命”中，监视游戏玩家。[②] 除了窃听，美国国安局还对我国的主干网络和主要企业进行黑客攻击。据美国国安局前雇员斯诺登透露，清华大学在2013年1月的一天内有63台电脑和服务器遭到美国的黑客攻击。2009年，美国国安局的一个特别小组还成功渗透进了华为公司的计算机网络，并复制了超过1400个客户的资料和工程师使用的内部培训文件。[③] 新闻媒体的信息也是被窃听的重点对象。2015年上半年，斯诺登就曾透露，一些英国间谍从几乎所有重要的新闻媒体机构和在线服

---

① 《中国网民权益保护调查报告2016》，中国互联网协会（http://www.isc.org.cn/zxzx/xhdt/listinfo-33759.html）。

② 互联网新闻研究中心：《美国全球监听行动纪录》，2014年5月26日，新华网（http://news.xinhuanet.com/world/2014-05/26/c_1110863548.htm）。

③ 《美国非法窃听中国政府和领导人》，《楚天都市报》2014年5月27日第A28版。

务机构那里窃取过大量邮件。如2016年，蒙特利尔的警察部门就通过一个记者的电话记录和新闻报道，去追踪批判该部门的信源。① 可见，没有信息安全，就没有国家安全。

四 威胁企业生存发展

在今天，企业越来越重视自身的信息化建设，企业信息化的发展使得接入互联网的企业不断增长。与单个用户比较，企业有更多的商业机密和用户资料，而多数企业都开放了社交网络页面，存在更多的可接入点，再加上员工流动、更换增加，敏感数据的利益诱惑等因素的存在，企业的信息安全面临着更多的威胁。一旦信息安全遭到威胁，会带来巨大的损失。直接的损失就是企业修复信息系统的花销，间接的损失就是企业商业机密泄露、因系统无法正常运行导致工作效率低下、用户数据泄露导致信誉受损或被消费者起诉等。如企业的图纸和源代码、企业业务等核心数据发生泄露，企业整体都必须为其承担风险。而且这个风险不但是经济上的巨额损失，还会导致企业在公众中的威望和信任度下降，从而使企业失去一大批已有的或者潜在的客户，影响企业的外部竞争力。所以，在数据信息日益重要的今天，数据安全不是哪一个部门的事情，而是关乎整个企业的声誉、公众信任、经济利益、生死存亡的问题，因此，要把数据泄露放在企业运营层面看待。

总之，信息安全是新技术条件下出现的一种“非传统安全”，不能用传统的思维和方法去认识和解决，要站在哲学或者理论的高度去重新估量新技术环境下的信息安全问题。信息安全的防护也是一项以技术为基础、综合治理为手段、使用者为中心、国际合作为重要途径的系统工程，任何单一的防护都起不到实质性的作用。

第一，信息安全是信息技术发展及其广泛应用的产物。与传统安全有很大的差异，对技术、用户行为、物理环境等都有着极强的依赖性。

第二，信息安全的环境是高度开放的。在互联网环境下，由于网络

① 《〈连线〉新刊主题是“危机中的新闻业”，用8篇报道讲透了现实与焦虑》，2017年3月1日，腾讯传媒（http://mp.weixin.qq.com/s/lOd_Yy6BpIsskOZ1f06nZg）。

的互联互通，信息资源的互动、共享以及信息传播跨界流动、传播渠道的多样性等，决定了信息安全环境的开放性、复杂性，也决定了信息安全保障必须在一个开放的环境中来进行。

第三，信息安全是一个复杂的系统，各个要素之间互动和关联性很强。信息系统和网络中的某个或某些要素的“不安全”就会导致整个运行过程和各个环节的不安全。

第四，信息安全是一个动态变化的过程，没有一劳永逸的安全解决方案，也不可能实现绝对的安全。其攻击手段由早期单一的破解口令、篡改网页、破坏文件等向复杂的病毒传播、域名劫持、漏洞攻击等多种手段发展。攻击技术的发展使得反制和追踪攻击行为变得越来越难，网络信息安全呈现出易攻难守的局面。

第五，信息安全问题的本质根源，不是一个技术与产业的问题，而是国际社会的问题、国家的问题、社会的问题和个人的问题。它直接受制于国际合作程度与共同准则的遵守，国家的意图、利益、政策和目标，企业信息活动与管理的方式，以及用户的心理动机与行为。因此，维护信息安全，国际社会、国家、企业组织和公民必须共同努力，共同担责。

第四章

如何重建信息时代的信任

虚假新闻泛滥、真相衰退、个人隐私泄露等的出现，使得信息时代信任精英知识和专业化正在面临崩溃。许多偏激的人转而寻求普通人的认同和共识，而这种共识的建立并非是基于事实和真理的基础上的，这样的共识注定是有害的。对社会共识的强调也绝不意味着要降级或忽视专家知识。社会共识的达成既要倾听专家的专业意见，也要有人民的声音。哈贝马斯为我们提供了一条折中的道路，就是在协商与对话中达成共识，在理性和事实的基础上重新建立社会信任。

重建社会信任，需要找到现代社会信任缺失的原因，这其中，既有宏观的政治、经济、文化上的原因，也有微观的操作技术和方式方法上的因素。因此，需要从多个维度进行努力。在重建社会信任的过程中，还需要多方的参与，一个是作为管理规则制定者的政党和政府，一个是作为搭建公共参与平台的媒体，还有一个是普通的公众。这三者形成了一个有机的整体，都需要在这个过程中发挥自己的作用。

第一节　推动制度建设与文化引导

信任的缺失，与利益冲突有关。而利益冲突实则与规则有关，但往深层次看，则是文化的问题。当今社会的各种利益冲突之所以广泛存在，往往并非仅仅因为某一方是纯粹的坏人，而是与制度安排有关。在平衡有序、利益共享的共赢制度下，人和人之间更容易合作互利；在赢者通吃、弱肉强食的单赢制度下，人和人之间更容易冲突互害。但共赢制度缺位，也并非仅仅因为共赢制度本身难以设计，而是与参与者不愿选择有关。有的时候，共赢制度已经设计出来，但决策者不愿选择；有的时候，共赢制度已经制定出来，但执行者不愿落实；有的时候，单赢制度的受害者翻身上位，不但不愿埋葬单赢制度，反而更愿成为单赢制度下的单赢者。参与者不愿选择共赢，只愿追求单赢，往往并非仅仅因为看不到共赢才能互利、单赢必然共输的长远结果，而是与精神追求有关——精神追求上具有社会责任感的人，将自己与他人视为有机整体，单赢不算整体赢，整体共赢才算真赢，即便有条件单赢，也可以做出共赢的选择；精神追求上缺乏社会责任感的人，将自己与他人视为孤立个体，共赢不算自己赢，自己单赢才真赢，即便有条件共赢，也更愿做出单赢的选择；至于没有精神追求的人，他们更难理解精神上可以因共享而共鸣的价值特点，更加熟悉物质上经常因零和而冲突的分配方式（别人之得即我之失，反之亦然），也不会主动做出共赢的选择。精神追求上缺乏社会责任感，乃至没有精神追求，往往并不仅仅是个人修养问题，而是与社会的文化氛围有关。良好的文化氛围，可以陶冶人的性情，变化人的气质，让人超越动物本能，彰显精神追求，找到自己的精神家园，在这种情况下，人和人之间因为共同的精神家园而联结在一起，社会责任感就是题中应有之义。反之，一旦文明传承中断，文化氛围破坏，人们的精神家园迷失，就会进入精神匮乏导致物欲横流、物欲横流加剧精神匮乏的恶性循环，在这种情况下，人和人之间因为物欲而争斗，社会变成赢者通吃、弱肉强食的动物丛林，社会责任感对很多人来说就会成为可说而不可做的傻事。①

因此，重建社会信任，既需要建立共赢规则协调人们之间的利害关系，也需要营造良好的文化氛围以塑造人们的社会责任感。国家作为社会规则的制定者、优秀文化的倡导者，政府作为规则的执行者、优秀文化的建设者，在社会信任重建中自然发挥着引领和主导作用。但作为组

---

① 《在普遍怀疑的时代，重建信任》，2018 年 1 月 19 日（https：//mp. weixin. qq. com/s? __biz = MjM5Nj-MxNTIwMg% 3D% 3D&idx = 2&mid = 2652050376&sn = 5622dc276ccfcefc26d8824-de8e190a1）。

成国家的一个个社会个体，才是利益冲突的主体、共赢规则的受益者、文化建设的参与者，所以，社会个体必须要参与进来，通过协商与对话，通过讨论与辩论，以公共利益为诉求，建立大家愿意共同接受的共赢规则，建设积极健康的社会文化，这才是信任建立的根本。但是，信任没建立起来，不能通过文化和规则去验证，还得通过表象的利益、利害关系去考察。如果一个社会中，人和人之间的利害关系具有了同向性，就是对你有利的对我也有利，对你有害的对我也有害，虽然利、害程度彼此有差异，但共赢已经实现，人与人之间的信任就可以得到验证和促进。

第二节 利用科技的力量增加信息的透明度

信任的缺失，与信息不对称有关。信息不对称，在社会治理过程中就很难实现合作。因为处于信息优势的一方总是不屑与他人合作，而处于信息劣势的一方则不敢与他人合作。无论是在经济上还是政治上，掌握信息少的一方总是处于弱势地位，掌握信息多的一方则拥有更多的自信和发言权。所以，信息的不平衡一定会带来地位的不平衡、利益的不平衡，从而导致信任无法建立。近年来中国倡导的开放公共信息，共享大数据等就是人为推动信息透明化的做法，就是为了增加信息的透明度，打破政府和民众信息不对称，解决民众参与公共事务的愿望不能顺利实现，民众与政府无法彼此信任的问题。

除了政府的推动，还可以利用技术的机制去实现，比如 2018 年备受各国关注的区块链技术就可以通过另一种方式，让上述问题得到解决。区块链是个“去中心化”的技术，能确保谁都无法弄虚作假，由此重建信任机制。在商业交易中，信任的核心是各方都遵循以下四个原则：诚实、考虑对方利益、承担责任、透明性。传统的网络环境，信息不对称导致上述四原则往往都只能取决于“人品”；但是，区块链就像一个人人都能记录、查看和维护的公用账簿，任何记录都有永久的时间标记，无法篡改。同样，如果把区块链技术运用到传播领域，任何造假行为都无处藏身，因为每一笔交易都有无法篡改的记录，每个人的行为都是公开透明、可追溯的。区块链会把造假行为和传谣行为记录下来，发布者的征信情况，一查便知。而且，如果用户帮助识别假新闻，还可以得到一定的奖励，根据职能合约条例，每一个事实核查者都可以从文章收益中抽取一定的分成。这种硬性的机制，确保了每个参与者的诚信行为，让信任的四个原则在区块链平台得以良好地维持。此外，区块链凭借其分布式数据存储、点对点传输、加密算法等技术优势，还可以抵御身份窃取、数据篡改、DDOS 攻击，保护公民个人信息安全。总之，依托新兴的区块链平台，信任关系的建立不再基于“人品”，而是基于技术机制。

当然，区块链技术还在发展当中，上述的构想有的还无法落地，但是，巨大的社会需求必然会推动这项技术快速发展，并在不久的将来广泛应用于社会的各个领域，从而为信任的重建提供技术支持。

第三节　用能打动人们心灵和思想的方式来传达事实

信任的缺失，与传播环境和策略有关。在社交媒体环境下，事实和谣言鱼龙混杂，信息海量堆积，新闻事件层出不穷，一个事件还没有搞清楚真相，下一个事件又接踵而至，人们无暇顾及真相，也没有能力辨别真伪。久而久之，受众就失去了探寻真相的兴趣，对传播媒介、政府组织的言说也失去了信任，转而宁愿相信自己的感觉和判断。因此，无论是政府组织还是传播媒介，在传播信息的时候，都应当清楚地认识到当前受众心理的这种变化，并采用有效的传播策略，重新唤起公众对事实和真相的兴趣。

《卫报》专栏作者马修·德安科纳曾经说过，“在任何时候，事实都非常重要。但是，如果想和谎言对抗，就必须在人们的价值观和内心信仰方面做文章，必须以能打动人们心灵和思想的方式来传达事实。如果你面对的是说谎的人，你不能只说‘你说 2 + 2 = 5，实际上等于 4’”①。

① 《后真相时代：现在的问题是，我们开始不在意谎言》，2017 年 9 月 7 日，腾讯网文化频道（http：//cul. qq. co）。

也就是说，只传达事实是不够的，必须以公众能理解的并且能够影响公众情绪的方式传达事实。比如，在英国脱欧公投中，留欧派主要通过大量的数据向人们展示事实：一旦脱欧，英国将失去95万个工作机会，人们每周的平均工资将下降38英镑，每个家庭每年要多支付350英镑以购买生活品，欧盟在英国的6600万英镑投资将面临风险……但是，这些冷冰冰的数据无法打动人心，普通人也无法理解。反之，那些脱欧派呢，他们懂得情感共鸣的重要性。他们使用的是简单明确的口号——“拿回控制权”，采用的是讲故事的方式。所以效果完全不一样。支持英国脱欧的造势运动主管多米尼克·卡明斯也深谙此道，所以他曾明确指出，要把脱欧的原因表达清楚，特别要针对公众的特殊不满来表达。[①] 尽管脱欧派常常谎言连篇，但是他们采用的是能打动受众心灵和思想的方式来传达信息，一样收到了很好的效果。又比如，在第二次世界大战期间，希特勒的演讲之所以能够煽动那么多人，是因为他是心理学家，深谙德国人的心理和不满的情绪，当时德国由于一战战败，支付了巨额赔款，这个昔日欧洲的强国的地位一落千丈，国内局势动荡，德国人心理失落，埋下了对他国的憎恨。因此，他以爱国的名义，用极具煽动的语言为民众描绘了一幅美好的图景，让七千万德国人毅然决然跟随他踏上了征服世界的征程。这就是情绪的力量！当谎言利用了情绪，其后果往往是很严重的。所以，作为政府和媒体，一定要对此有清醒的认识，并巧妙利用后真相时代人们的心理和情绪，有效地传达事实和真相。

第四节 建立多种查验机制

信任的缺失，还与当前社交媒体广泛依赖技术手段，缺乏人工把关有关。随着技术的进步，社交媒体在新闻生产、分发、营销等各个阶段对新闻传播流程进行了技术改造。但是以技术优势领先于传统媒体的社

① 《后真相时代：现在的问题是，我们开始不在意谎言》，2017年9月7日，腾讯网文化频道（http：//cul. qq. co）。

交媒体，也因为技术问题惹了不少的“麻烦”，如 YouTube 的推荐系统曾向小孩儿推荐儿童不宜的内容，让 Google 饱受非议；2016 年美国大选期间，Facebook 上的假新闻也让 Facebook 成为众矢之的；同样，今日头条也因为持续传播低俗内容被北京市网信办约谈。[①] 社交媒体之所以“假新闻”“低俗新闻”非常多，跟社交媒体采用的算法推送技术有关，而这种算法目前还比较初级，智能化程度不高，所以容易错误识别用户的需求。它的操作过程是这样，先是给内容添加标签，然后根据用户的浏览轨迹，向用户推荐同类的或者定制化的内容。而“假新闻”“低俗新闻”的标题和内容一般都比较有煽动性，用户很容易被吸引，所以，很多用户都曾经点击过这样的新闻。而平台一旦检测到用户看过这些新闻后，以为用户喜欢这样的新闻，算法就会自动推送。于是，用户就会看到越来越多的“假新闻”和“低俗新闻”。而且，这样的信息推送方式，还会导致“信息茧房”，产生“回音壁效应”。正因为这样，很多专家学者对社交媒体的信任度非常低。

根据韦斯特司托尔的信息客观性的模型，信息的真实性包括两个方面，一是所陈述的事实是真实的，这些事实要能够对照信源进行检验，而且不包含评论，至少要能够做到意见与事实分离。衡量真实性的标准包括叙述的完整性、准确性和不误导、不压缩有关的信息等。二是信息的选择要与受众相关。就是信息传播者在选择信息的时候，要考虑信息对受众的作用和意义，类似于信息的接近性原则。[②] 因此，为了重新获得公众的信任，在源头上建立多种过滤机制和查验机制，以保证输出的信息是与受众相关的，同时也是客观真实的。对于相关性，不能仅仅依靠目前并不高明的算法去识别和推送，而是采用人工和技术协同配合，解决推送不准确以及饱受诟病的信息茧房的问题。

具体的查验措施包括：其一，由第三方机构来判定假新闻。借助一

---

① 《人工智能打不过人工》，2018 年 1 月 20 日，创业邦（http：//www. cyzone. cn/a/20180120/）。

② ［荷］Westerstahl，J.，“Objective news reporting”，*Communication Research*，Vol. 10，No. 3，1983，pp. 403 – 424. 载丹尼斯·麦奎尔《麦奎尔大众传播理论》（第五版），崔宝国、李琨译，清华大学出版社 2010 年版，第 163 页。

些中立的第三方核查机构来缓解媒体与公众之间的信任危机是很多社交媒体的通行做法。比如，Facebook 在每条信息上都设置了举报按钮，用户一按下，都会弹出一个界面，让用户选择他举报这条内容的理由。选项有四个："这条信息不有趣"，"我认为这条信息不应该在 Facebook 上"，"这是垃圾信息"以及"这是条假新闻"。如果用户选择"这是条假新闻"，那么 Facebook 就会把新闻拿去第三方核查平台进行对比核实，然后打上"红色警报"。尽管这个解决方案看上去很完美，但是在具体实施过程中还是发现了它的弊端。那就是标识"假新闻"本身并不能阻碍它的传播。甚至一些"有争议"的新闻还获得了更多的流量。这跟人的猎奇心理有关，我们天然地会对有争议或者八卦的内容更感兴趣。所以更为妥当的做法是，加强对内容的筛选。其二，让主流传统媒体背书。在一些比较重要的新闻下面，Facebook 会链接上传统主流媒体的新闻报道。把原来的"红色警报"变成"相关新闻"。另外，如果一篇文章并没有被大媒体报道过，Facebook 也会通知并提醒用户里面的报道可能不真实。不过这个举措是否有效，现在还有待检验。其三，招募内容审查人员。社交媒体都试图通过招募内容审查人员，进行人工筛查。扎克伯格在 Facebook 上宣布，将在 2018 年招聘 3000 名内容审查人员，密切监控 Facebook 的内容，让人们在 Facebook 上拥有更好的体验；Google 打算将 YouTube 的内容审核团队的人数扩充到 1 万人；"今日头条"在 2018 年也开始大规模招聘内容审核编辑，要求本科及以上学历，党员优先。

第五节　提升受众的素养

信任的缺失，与公众自身的素养有关。这种素养包括媒介素养、政治素养、文化素养等各种素养的综合。根据历次互联网信息调查，网络上的常住民往往是那些文化层次较低的人。这些人有涉世未深的学生，也有社会地位比较低的底层民众。他们的共同特点是时间比较多，参与意愿比较强，但是社会戾气比较重，遇到问题容易冲动，看到感兴趣的信息就随便转发、评论，缺乏质疑和挑战的精神，也缺乏从多个信息源了解事件的意识。因此，当遇到不同观点时，他们很容易随大流，很容易被误导和煽动。当意见相近的声音不断重复，甚至以夸张和扭曲的形式重复的时候，处于其中的大多数人就会认为这些扭曲的故事就是事实的全部。在信息超载、注意力极度稀缺的时代，那些社交媒体为了争夺受众，往往会利用受众快速阅读、浅层思考以及情感上的需求，故意迎合受众，以情感共鸣打动读者，大量传播毒药式的“心灵鸡汤”。自媒体人咪蒙就是以这样的方式吸引了大量的粉丝。

面对这样的受众，特别是学生群体，无论是学校还是媒体，都有责任帮助他们提高辨别虚假新闻的能力。英国广播公司（BBC）认为，当受众深谙新闻的“生产过程”之后，中招的可能性就会小很多。因此，从 2018 年 3 月底开始，BBC 将直接派遣新闻工作者奔赴全国 1000 多所学校举行讲座、论坛或其他活动，让学生同资深媒体人面对面互动，熟悉新闻的“生产过程”，了解假新闻的类型。为了增强教育的趣味性，提高传播效果，BBC 还与英国知名动画企业阿德曼公司合作，发行了一部交互式新闻模拟游戏“iReporter”。游戏中，玩家将模拟新闻工作人员，对尚在雏形的新闻资讯进行处理，做出系列判断——比如信源是否可靠、哪些信息需要核实等，还要在“总编”规定的时间之内发布出内容可靠的新闻报道。与此同时，BBC 还在全英开展“校园报道”的活动，每年向全国 6 万名学生提供机会，让他们在 BBC 员工的帮助下，自己生产新闻内容。通过一系列的业内人士训练，提高青少年的辨别能力。①

① 《BBC 教青少年辨别假新闻　派新闻工作者宣讲新闻“生产过程”》，2018 年 3 月 27 日，新浪网（http：//news. sina. com. cn/w/2018 - 03 - 27/doc - ifysrqtn7504463. shtml）。

第三篇

新技术挑战下的政府应急决策制度

近代工业社会的发展，为人类创造了一系列实现自身互动目标的环境和规范性框架，比如各种激励性制度、保障性制度、决策性制度等。但是，这些制度本身也带来了另一种风险，即运转失灵的风险，从而使风险的制度化转变成了“制度化”的风险。但是，这些制度性风险也有两面性，一方面，“它的本性决定了它导致危害性后果的可能性”；另一方面，“它是经济活力和多数创新，包括科学或技术类创新的源泉”①，“风险是一个致力于变化的社会的推动力”②。中国的应急决策制度就是这样一个既蕴含着风险又孕育着变革创新机会的领域。在大数据、云计算等新技术兴起的背景下，传统的应急决策系统面临着决策模式过时、决策支持力量薄弱、决策方式落后等挑战，需要利用现代技术为整个决策系统甚至管理系统赋能，以改善政府治理的效能，促进治理体系和治理能力的现代化。

---

① ［英］安东尼·吉登斯：《第三条道路及其批评》，中共中央党校出版社 2002 年版，第 139 页。

② ［英］安东尼·吉登斯：《失控的世界》，江西人民出版社 2001 年版，第 20 页。

第一章

我国政府应急决策体制的结构与特点

第一节　应急决策的内涵与特点

应急决策是在突发状态下的一种决策形式。由于突发公共事件具有紧急性、高度不确定性以及一定程度的破坏性，这会造成社会一定程度的混乱和恐慌。这些因素给决策者带来了高度的紧张和压力，决策者需要在较短的时间内就要做出决定和反应，尽力把突发事件带来的损失控制在最小。因此应急决策有别于常规的决策程序和方法，是指“面对已发生的突发公共事件，以政府为主导，媒体、非营利组织、企业和公民公共参与，在有限的时间、资源、人力等约束条件下，在认识客观规律的基础上运用科学，明确应急管理目标并提出解决问题方案的研究和选择的过程”①。

应急决策具有几个显著的特点：

一是决策方式的集中统一。为了尽快拿出解决问题的方案，应急决策与常规决策的先民主后集中的决策程序和方式有所差别。应急决策必须在尽可能短的时间内汇集高层决策者，在分析、判断所收集的信息基础上，依靠自己的知识、洞察力和智慧，做出决策。所以，应急决策主要是一种小团体的集中统一的决策，无法在较大的范围内引入民众的参

---

① 胡象明：《公共部门决策的理论与方法》（第二版），高等教育出版社 2015 年版，第 296 页。

与。但是，随着社会矛盾的复杂化和现代信息技术的发展，尤其是现代决策智能辅助系统的发展，借助科技的力量实现多主体的快速决策成为可能。只需要运用联机分析技术和数据挖掘技术，从案例库、历史数据库、专家咨询库等多个数据库中同时调用和分析数据，就可以形成多个备选方案，供决策团体参考和选择，同样能够达到集中统一决策的效果，而且更为科学、民主。

二是信息传递的及时准确。信息的传递包括两层含义，一层含义是决策团体信息获取的及时准确。因为决策的效率和质量，在很大程度上取决于信息获取的效率和质量。决策支持系统和决策者获取的信息越及时、越多、越全面，据此做出的决策就越快、越科学。另一层含义是决策团体信息公开的及时准确。因为突发公共事件一般涉及范围较广，社会影响力大，如果决策者的信息公开不及时，就会造成很多流言蜚语，给公众和社会带来比灾难本身更大的恐慌。所以，无论是在决策的前期、中期和后期，都要及时向社会公众释放各种宏观的、微观的准确信息。如事件的基本情况、政府的意图、措施、当前正在做的工作、需要社会公众注意的问题等。同时，对民众的关注、忧虑、要求、建议等都要通过各种传播渠道进行回应。通过这样的双向交流，使信息及时传递，既让决策团体了解社会公众的想法和诉求，也让社会公众了解整个事件的发展动态。只有在这样信息透明的基础上，才能制定更加有效的解决方案，方案的执行也才更加顺利。

三是决策目标的灵活可行。由于突发事件具有很多的不确定性，因而其目标也必须灵活，要能够根据事态的发展变化而不断修正和调整。一般来讲，决策的初期目标是控制事态的蔓延和进一步恶化。因为这一阶段的各种信息较少，事情还不明朗，带有更多的模糊性质，这时候很难进行精确的量化分析，主要是定性分析。决策者只有根据有限的信息和自己的经验设定相对简化的目标，并提出相应的解决方案。需要注意的问题是，这时候不能盲目照搬以前的办法，也不能顾虑重重，优柔寡断，延误了决策时机。

四是决策方案的随机应变。决策方案是根据决策目标来制定的，决策目标和决策方案是一种决定和被决定的关系。决策目标的灵活性也就决定了决策方案的灵活性。决策方案的制定，也要根据事态的演变而进行不断的调整，如外部环境的变化，内部资源的配备，人员的调度等，任何一个变动都可能牵涉解决方案的调整。因此，应急决策是一种渐进性的决策，需要随机应变。

五是方案选择的坚决果断。突发事件的突然性、急剧性，决定了决策方案的选择必须坚决果断。一方面，时间就是生命，及时有效的方案能够把公共事件的损失降到最低。另一方面，在事件发生的初期，各方都在期待着决策方案的出台，如果决策者不能当机立断做出选择，各种不准确的信息就会借助多样化的传播渠道快速传播，可能会造成社会恐慌和不稳定，加剧事态的蔓延和恶化，尤其是一些突发群体性事件。因此，决策者必须在权衡利弊得失后迅速进行决断。2010 年，人民网舆情监测室首次提出处置突发事件的“黄金 4 小时”原则。他们认为，随着新兴媒体的兴起，处置突发事件的“黄金 24 小时”已经缩短为“黄金 4 小时”了，就是说，在事发 4 小时内发布权威消息主导舆论是平息事件的关键。当然，这主要是指舆情信息的公开和发布，不完全是指决策方案。但有研究显示，决策方案在 6—72 小时内做出选择是比较适宜的。①

第二节　我国政府应急决策体制的结构

政府突发公共事件应急决策体制是由一系列与突发公共事件应急决策相关的决策机构及其支持系统、决策制度、决策程序及决策预案组成的整体，包括组织要素与行为要素两大部分。组织要素主要指决策中心和决策支持系统。在我国，突发公共事件应急决策中心一般称为应急委员会，决策支持系统主要由决策信息系统、决策咨询系统、决策监督系统和决策执行系统组成；行为要素则涵盖决策制度、决策程序及决策预案等内容。

① 胡象明：《公共部门决策的理论与方法》（第二版），高等教育出版社 2015 年版，第 297 页。

决策中心负责应急决策的组织和决断工作，以及决策实施过程中进行统一指挥，给各个系统下达命令，提出要求；决策信息系统平时负责对信息进行收集、分类、传输、储存、维护等，在紧急状态下要进行信息的初步分析、预案初步筛选、预警信息发布等；决策咨询系统平时对突发公共事件的发生、发展、消亡的规律进行研究，进行预案编制、调试，进行应急新技术、新方法的研究，进行应急管理中原始模型（如资源评估、优化、调度等）的研究，在紧急状态下则依据其研究成果、技术知识为决策者科学决策提供预选方案；决策监督系统存在多元主体，负责对应急方案制定的科学性和决策执行的有效性进行监督，并依靠责任追究制等制度来明确各方的权力和责任，或权利和义务；决策执行系统负责执行决策中心下达的命令，完成各种应急任务。目前，政府应急决策体系已形成了中央、省、市、县四级响应系统。整个决策系统是一个相互依赖的有机整体，并受到外部环境的影响。

第三节　我国政府应急决策体制的特点

我国政府的突发公共事件应急决策机制是在不断的实践过程中建立和完善起来的，已经初步形成了以下特点：

一　多主体参与

过去，我们的公共应急决策主要是由党政一体的政府出面以内部方式加以处理和应对，很少吸纳多方主体参与。然而，随着我国现代化进程的推进，社会进入矛盾凸显期，各种社会问题增多，突发事件频发，而且诱发各种突发事件背后的原因复杂，参与主体众多，影响和波及的范围广，政府单方面已难以应对，必须依靠广泛的社会力量的参与。所以，政府应急决策人员的组成需要多部门、多学科的人员，以有效地预防和解决应急问题。通常会组成某管理层次的应急管理小组，由政府最高决策层成员组织负责，囊括了各个相关部门的负责人和专业人士以及新闻发言人等，还可外聘专家列入核心层。然后依据不同的应急类型，决定不同类型的新成员的增补。但是，由于时间紧迫而需要快速决策，因此通常都不会采纳大规模组织决策方式，而采用多方核心或专业人员的小团体决策模式。决策层方面在抽调专门的人力、物力及精力应对突发事件进行应急决策的同时，还要保证正常工作的开展。

二　分级负责

我国长期以来实行中央集权或集权于上的管理与决策体制。这种体制不利于公共应急决策，由于层级过多，导致决策不能及时、快速处置和应对，往往会延误最佳时机而导致严重后果。通过不断的实践和研究，政府已经认识到我们的应急决策必须实行明确的分级负责、条块结合并以块为主的原则，并开始着手设计分级负责的一整套体制规范，如建立大数据信息系统、强大的咨询系统、有效的资源调配系统等来为科学决策提供依据和保证。

三　预案准备

过去，在社会稳定发展的态势下，我们对公共应急决策重视不够，很多领域都没有建立专门的应急管理与决策系统。随着风险社会的来临，尤其是 2003 年 SARS 的爆发，为我国的应急管理敲响了警钟。我国政府抓紧制定了一系列与突发公共事件有关的应急预案。所谓突发公共事件应急预案是指为指导预防和处置各类突发公共事件而由权威机关制定的一种规范性文件。按照这些预案的规定，各级政府和部门成立的应急委员会平时必须做好对突发公共事件应急管理研究的准备工作，一旦突发公共事件真的出现，则按照事先准备好的预案开始行动，进入战时状态，立即进行应急处理，把突发公共事件的损失降到最低程度。而且，随着 2006 年《国家突发公共事件总体应急预案》① 的出台，我国已形成总体预案与专项预案相结合的比较完备的预案体系。总体预案是突发公共事件应急预案体系的总纲，是指导预防和处置各类突发公共事件的规范性文件。专项应急预案则是总体预案的落实，两者相辅相成，

---

① 《国家突发公共事件总体应急预案》，2018 年 3 月 7 日，百度百科（https://baike.so.com/doc/6797282-7014048.html）。

相互依存。

第四节 应急决策引入大数据的价值

近几年，我国进入了突发事件的高发期，各类突发事件接连不断，层出不穷。为科学有效应对各类突发事件，世界各国都在利用大数据加快推进应急决策支持系统建设，完善应急信息平台组成架构，政府应急管理对大数据技术的需求日益迫切。大数据对政府应急决策的具体价值，体现在如下几个方面：

第一，大数据可以为应急决策提供更加全面的信息和定量分析方法。应急决策具有复杂性、不确定性、动态性等特点，需要对大量的历史信息和现场信息进行收集和处理，对各种备选方案进行科学的分析和定量的计算，供决策者在决策过程中对各种可能的方案做出最合理的选择。对应急决策进行定量分析，能够大大提高应急决策的准确性和科学性，也是公共部分决策现代化的一个标志。因此，单靠政府传统的信息报送方式进行应急决策已经过时，现代应急决策需要综合利用各部门提供的图像影像、气象数据、空间地理信息等专业电子数据，并整合其他公共网络资源与社交网络、移动设备、传感器等媒介实现数据传输与交换，这些海量异构的大数据，只有依靠互联网、物联网、云计算等新兴的信息技术才能处理。数据仓库、联机分析技术和大数据挖掘技术的结合和运用，可以大大提高决策支持系统辅助决策的能力，已经形成世界各国决策支持系统发展的新方向。

第二，大数据可以提高政府应急决策的效率。与一般的政府办公业务系统相比，政府应急信息系统所面临的事件影响更大、不确定性因素更多，对跨部门信息资源调度频度和响应效率要求也更高，从发布预警、物资资源调度到救援队伍的组织，每一个环节都体现了“时间就是生命”的效率概念。大数据产生的快速性以及大数据并行处理技术的逐渐成熟，能更好地满足应急信息系统交互频度高、并发数量大、响应速度快、数据批量同步处理的实时性需求。

第三，大数据可以提高政府应急决策质量。科学、高效、高质的应急决策，是政府妥善处置突发公共事件的关键。而应急决策的效率和质量，取决于数据和信息的及时、准确和全面。决策者获得的数据和信息越全面、越准确，对自然状态出现的概率就预测得越正确，据此做出的决策质量就越高。应急决策对数据的质量要求包括数据的正确性、完整性、一致性、有效性、时效性、可获得性、冗余性、逻辑合理性等方面。这些问题的处理，都依赖于数据仓库在数据集成过程中通过技术设计来达成。因此，大数据及其技术（包括数据仓库、联机分析、数据挖掘技术）在现代政府应急决策中的作用在于，收集、处理海量的、多类型的数据，获取、挖掘有价值的信息，发现潜在的规律，分析预测事态发展趋势，并让这些有价值的信息能够在第一时间到达决策层，供决策层分析研判，科学选择最满意的方案，从而提高政府应急决策质量。

第 二 章

大数据环境下政府应急决策体制存在的问题

第一节 当前我国政府应急决策体制面临的宏观挑战

2003 年 SARS 过后，我国政府在不断地处理突发公共事件过程中积累了丰富的经验，应急决策的体制、机制和法制也在不断完善，但随着移动互联网、社交媒体以及大数据的快速发展，政府应急决策面临着新的决策环境和新的挑战。表现在如下几个方面：

一 数据资源不足

我国数据资源不足体现在两个层面：一个是我国数据资源收集、存储有限。“我国数字化的数据资源总量远远低于美欧，每年新增数据量仅为美国的 7%、欧洲的 12%，已有的数据资源还存在标准化、准确性、完整性低，利用价值不高的情况，大大降低了数据的价值。”①

二是因为数据不开放造成可利用的数据有限。在长期的信息化建设过程中，中国政府部门虽然掌握了不少数据，但这些数据因为制度、部门保护主义或小团队利益等因素，在很大程度上还处于“割据”状态，分别掌握在不同地区、不同部门手中，无法共享，也就不能发挥应有的效用。应急信息资源的共享和整合必然牵涉到部门利益，需要政府领导

---

① 王岑：《大数据时代下的政府管理创新》，《中共福建省委党校学报》2014 年第 10 期。

层的高度重视以及各部门的大力支持和积极参与，由各级政府带头实现等级制数据开放共享。从上到下制定一系列针对性的政策和法规，引导和推动数据开放和共享，将所有的数据熔到一个炉子里。否则，大数据在政府应急管理中的应用将无从谈起。可喜的是，为了解决“信息孤岛”问题，推动政务数据的开放、共享、整合与挖掘应用，国务院、国务院办公厅相继出台了《政务信息资源共享管理暂行办法》（国发〔2016〕51 号）[①]、《政务信息系统整合共享实施方案》（国办发〔2017〕39 号）[②] 两个重要文件。

二　数据标准不统一

由于国家没有出台统一的的数据存储、使用标准和格式，所以，各级政府部门的数据存储、使用标准尚未统一，这为下一步的数据共享、整合以及协同带来了一定的难度。如在地震等突发公共事件中，需要交通、医护、警务、市政基础设施管理等部门的及时沟通和协作，为突发事件的处置提供充足的人力、物力资源、及时的交通信息和必要的建筑图纸等。不同部门提供的信息，都需要纳入到大数据支撑的应急决策支持系统中。如警务系统在接到报警后，将信息发送到决策支持系统，系统进行分析，确定事件的类型和位置，信息会在电子地图上显示，并根据实际情况列出关键设备需求表，随后进行危机通报与应急响应。同时，交通部门将路况信息、可用资源和监控数据传输到决策支持系统，系统进行可视化操作，确定通行路段和避免经过的路段，确定最佳路线。医护部门根据决策支持系统的信息实时跟踪状态，可以有效调配可用资源，提高响应速度，与地理信息系统和地图系统相连以后，救护效率也会提高。但是，如果应急决策系统无法对不同的数据格式进行转换和兼容，意味着这些数据就无法及时发挥作用，从而在面对变化无常的突发事件时会因为数据标准的缺失而错失最佳处理时间。

---

① 《国务院关于印发〈政务信息资源共享管理暂行办法〉的通知》，2016 年 9 月 19 日（http：//www. gov. cn/zhengce/content/2016 -09/19/content_5109486. htm）。

② 《国务院办公厅关于印发〈政务信息系统整合共享实施方案〉的通知》，2017 年 5 月 18 日（http：//www. gov. cn/zhengce/content/2017 -05/18/content_5194971. htm）。

三 缺乏大数据思维和应用能力

各部门、地区虽然掌握了一部分的基础性数据，但是从政府部门的应急处理效果来看，数据的分析、整合环节相当薄弱。一方面是因为大部分地方领导缺乏大数据意识和思维，数据意识的不足，直接导致收集数据、使用数据和开放数据的意识差。在处理危机时，还凭借着惯有的人为经验进行决策，以致错失决策良机或决策错误，最后导致事态失控。以“什邡钼铜事件”为例，对于这种事关环保的大型化工项目，前面已经有了厦门、漳州 PX 项目的前车之鉴，如果地方领导具备应急管理历史数据的学习能力，就不会再犯同样的错误。另一方面是缺乏大数据分析平台和技术人才，致使数据分析、整合能力较弱。大数据分析不仅需要专业的数据分析师，还需要专门的数据分析平台，而目前四川省大部分政府部门的应急信息系统都没有面向大数据进行机构架设、基础设施改造和大数据人才配备，也没有和专业的大数据处理公司进行合作，导致大数据在应急管理中缺乏有效运用。

四 缺少大数据专业人才

由于大数据技术复杂、投入成本高，所以大数据分析呈现出越来越专业化、服务化的趋势。而目前各级政府既缺乏足够的数据工程师来组建团队，也没有易于操作的基础软硬件来支持数据分析，因而没有足够的能力来整合、开发庞大的政府数据，从而为政府的应急决策提供智力支持。

第二节 大数据环境下政府应急决策机制存在的具体问题

政府突发公共事件应急决策体制是由一系列与突发公共事件应急决策相关的决策机构及其支持系统、决策制度、决策程序及决策预案组成的整体，包括组织要素与行为要素两大部分。[①] 当前我国政府的应急决策体制中，存在着决策模式过时、决策支持力量薄弱、决策制度不完善、决策方法落后等问题。

一　决策模式过时

1. “预测—应对”模式无法适应非常规突发事件

决策分为程序化决策和非程序化决策，程序化决策主要是针对那些常规性的、反复性的事件做出的决策，这种决策可以事先制定出一套例行的程序进行处理。而对于那些过去尚未发生过的或者情况复杂没有规律性的事件，则需要非程序化决策。多年来，我国应急管理体系主要采用“预测—应对”型决策。[②] 这种决策模式属于程序化决策，就是事先编制预案或事前进行资源布局，当突发事件发生后根据预先编制的方案进行危机处置。因此，有学者指出，“预测—应对”型模式只适用于应对小规模、规律性较强、复杂程度不高、事件态势演变缓慢的突发事件，例如普通的洪涝灾害、小规模的流感等。对于前兆不明、难以准确预测的非常规突发事件，例如 SARS、特大地震、甲型 H1N1 流感等非常规性的重特大突发事件往往无能为力。[③]

2. “预测—应对”模式无法应对变化了的场景

移动网络的快速发展和普及，尤其是微博、微信、微视频、博客、播客、论坛、贴吧以及 MSN、QQ 等社交媒体和即时通信工具的广泛应用，使得社会大众的信息沟通与实时交互能力达到空前水平，同时，这种低廉、便捷的沟通方式让公众找到了参与社会公共事务的渠道。根据以往的实践，突发公共事件一旦出现（尤其是重大灾难性事件），我国的亿万网民便会以极大的热情参与其中，由此形成了滚滚的数据洪流：

---

① 胡象明：《公共部门决策的理论与方法》（第二版），高等教育出版社 2007 年版（2015 年重印），第 299 页。

② 舒其林：《非常规突发事件的情景演变及“情景—应对”决策方案生成》，《中国科学技术大学学报》2012 年第 11 期。

③ 曾大军、曹志冬：《突发事件态势感知与决策支持的大数据解决方案》，《中国应急管理研究》2013 年第 11 期。

灾情报道、救援信息、生命通道、避难场所、物资捐助等，这些实时的、动态的大数据，起到了快速响应、动态互动、广泛覆盖的作用，这是传统方式下无法达到的效果，对突发事件的科学决策有着很高的利用价值。但在“预测—应对”模式下，应急响应主要按照编制好的预案和布局好的资源进行决策，对于现场的实时信息和社会力量缺乏整合的渠道和方法，导致应急处理缺乏灵活性，出现新的情况和问题也不能因时因地因情景而进行相应变动。因而，我国学者早就对这一模式有所诟病，认为非常规突发事件应急决策中的情景不同于突发事件应急预案中的情景，也不同于针对某类突发事件事前进行资源布局而假设的情景。非常规突发事件应急决策中的情景是实时发生的、动态演变的，而应急预案以及事前资源布局中所依据的情景，则是依据历史上的类似事件在突发事件发生前做出的一种虚拟的假设。① 情景变了，处置应对的方案也应当随之而变，否则就会犯刻舟求剑式的错误。

二 决策支持力量薄弱

政府应急决策体制的组织要素主要指决策中心和决策支持系统（见图2—1）。在我国，突发公共事件应急决策中心被应急委员会代替，决策支持系统主要由决策信息系统、决策咨询系统、决策监督系统和决策执行系统组成。②

当前我国的决策支持系统存在着如下几个较为突出的问题：

1. 基于大数据技术的应急决策信息系统尚未建立，决策部门无法直接掌握关键信息

制定有效的行动方案有赖于信息收集、自由流通和有效整合，对突发事件信息的充分掌握、全面分析与正确研判是各项应急决策的基础。然而，我国至今没有建立起现代、高效的政府应急决策信息系统。现代、高效决策信息系统应该包括信息的收集、储存、传递、整合、分析

---

① 姜卉、黄钧：《罕见重大突发事件应急实时决策中的情景演变》，《华中科技大学学报》2009 年第 1 期。

② 胡象明：《公共部门决策的理论与方法》（第二版），高等教育出版社 2007 年版（2015 年重印），第 299—300 页。

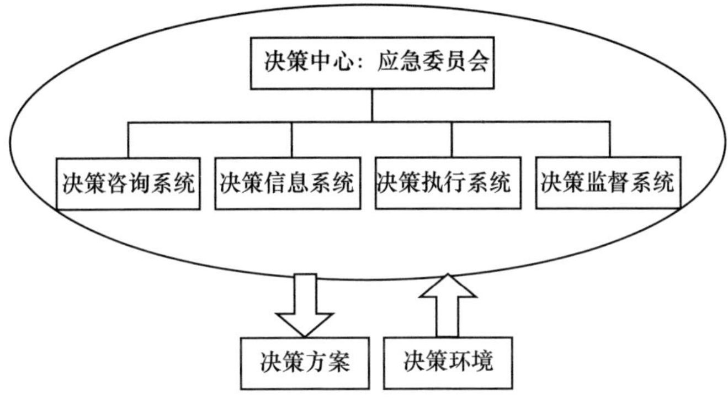

图 2—1 我国政府应急决策组织体系结构图

等完整环节，它能够为政府的决策提供分析数据和多种决策供选方案。由于我国行政权力的割据和利益的部门化，导致了决策的部门化和政府信息系统的分割，信息系统隶属于不同的等级，如统计局、信息中心和信访部门隶属于各级地方政府。这样的等级制度使得信息传播的环节过多过长，信息的效用大大削减。应急事件发生后，决策部门不能直接和突发事件的原始数据打交道，而是和经过多级传播后的信息打交道，无法直接把握关键细节、掌控核心进程，不仅效率低下，而且发生错误和失实的可能性很大，一旦下级政府怕担责而有意瞒报、虚报数据，就可能导致上级政府决策的失误。如在 2013 年的四川芦山地震中，一方面需要大量救援，另一方面，存在救援队找不到对象或受阻的情况，很多志愿者涌入救灾现场，堵塞生命通道，导致专业救援力量无法进入。①

2. 决策咨询系统尚不健全，内外部决策咨询力量无法发挥有效的决策咨询作用

突发公共事件往往涉及比较专业的技术问题，而领导人的知识、能力往往是有限的，如果仅凭几个领导人的个人知识和经验，很难做出准确判断和科学决策。这时，就需要决策咨询力量的参与和协助。决策咨询系统对应急决策作用包括：利用局外人的身份可以帮助决策者对决策

---

① 曾大军、曹志冬：《突发事件态势感知与决策支持的大数据解决方案》，《中国应急管理研究》2013 年第 11 期。

问题做出较为客观的判断；运用专业知识为决策者进行深入的分析和判断，从而提出较为科学的解决方案和多种备选方案；利用自己积累的专业信息和研究成果，为决策提供更为全面和准确的决策信息。

我国的决策咨询力量主要由两部分组成，一个是内部咨询机构，如党政政策研究室，但是，这些机构从属于党政部门，咨询人员多半是领导的秘书班子，大多忙于事务性的工作，没有时间进行科学研究，而且，对领导的决议也很少能提出异议，所以根本满足不了应急决策咨询的功能；另一个是外部咨询机构，包括各大专院校、科研院所及其他民间的决策研究机构，这部分机构有一定的独立性，但在体制上仍然属于某个公共部门，因此其咨询工作也会受到主管单位的影响。而且，这种专门从事与应急决策有关研究的人员较少，力量薄弱，也不能满足应急决策咨询的需要。还有一个因素是，由于他们缺乏对突发事件本身全面、及时的信息掌握，对突发事件的真实情况了解不够，容易出现瞎参谋、乱指导的现象，很难为政府应急决策提供有效的咨询。虽然我国各大城市的应急联动系统已经建立和运用，但大多还停留在信息传递的功能上，信息的价值还没有被充分发掘和利用，如当信息传输到决策中心时，如何利用信息，如何对这些信息进行分析，进而为决策者提供决策依据，减少经验决策的不当影响等，这些问题的解决需要专业分析软件和懂计算机技术的专业人员予以帮助。但专业人员应该如何参与这些问题的解决，还没有完善的机制，所以也很难让专业人员在应急决策中发挥有效的参谋咨询作用。

3. 没有建立起完善的监督体制，难以保证决策的正确性和责任的落实

在政府的决策体制中，只有建立了完善的权力运行监督体制，才能防止行政权力的滥用，减少决策失误问题发生。但在现有的应急决策体制中，决策的内外部监督机制尚不完善，决策责任的追究也没有得到足够的重视。决策的外部监督机制不完善主要体现在缺乏外部监督问责机制，造成的原因则主要是行政权的不断扩张以及信息不透明、不对称等。而内部监督机制的不完善则主要体现在有规范但无法律保障，导致部门之间相互庇护而流于形式。缺乏了内外部的监督和问责机制，就难

以让决策者增强责任意识，从而对应急决策进行审慎的思考和理性的抉择，也无法保证应急决策的正确性和决策责任的落实。

4. 决策协调行动机制乏力，影响了决策执行的速度

在决策的作用能否发挥出来取决于它能否被尽快地执行，这对应急决策协调行动机制提出了更高的要求。需要在事前就构建一套成熟的机制，一旦突发公共事件发生，各部门要明确自己的职责和方向，政府部门与其他社会组织要听从指挥和调度，密切配合，相互协调，最大限度地集中、调动相关资源，以配合方案迅速付诸实施。但我国公共应急处置专门机构一般设置在应急事件频发的领域，日常运作都是由部门或行业协会管理和承担，部门色彩较浓，没有建立全国性的应急管理常设中枢机构，由于缺乏国家与地方的有机结合，出现应急事件后主要是依赖各级政府现有行政设置进行处置应对，形不成统一、权威、高效的指挥协调中心。各个部门囿于职能分工和利益的考量，往往在重大突发事件面前，相互推诿甚至故意拖延，彼此资源不共享，行动不协调，从而大大影响决策的执行效率和质量。

三　决策制度不完善

决策制度属于政府应急决策体制中的行为要素。应急决策的正确性需要有法律和制度上的保障，如果没有法律和制度上的保障，应急决策就会带有较大的随意性，难以保证决策的正确性。近几年来，我国已经先后颁布了有关公共应急处理的十几个方面 60 多个专门法律法规，但这些法律法规分属不同部门，相互独立，很难整合协同运作。[①] 而且，从中央到乡镇，大都编制了突发公共事件应急预案。从国家应急总体预案到各专项应急预案，从各个部门应急预案到各个企事业单位应急预案，俨然构成了一道严密的覆盖全国的应急管理网络。[②] 但这些预案能

① 胡象明：《公共部门决策的理论与方法》（第二版），高等教育出版社 2007 年版（2015 年重印），第 307 页。

② 2006 年 1 月，国务院发布了《国家突发公共事件总体应急预案》，在此基础上各级政府、部门逐渐编制了《突发公共事件专项应急预案》《突发公共事件部门应急预案》《突发公共事件地方应急预案》。

在多大程度上发生作用值得怀疑，因为它们大都千篇一律，缺乏灵活性与可操作性，并以行政命令、条例等形式存在，其效力还远远达不到法律的效果。所以，很多应急预案实际上成为放在书柜里应付上级检查的摆设，并没有发挥实际效用。根据应急管理预案成立的应急联动指挥中心、应急管理办公室等组织机构，其工作职责也没有明确的法律界定，导致相互之间衔接不畅。由于缺乏统一的应对危机状态的专门法律，常常出现在面临公共突发事件要行使非常态的方式、手段、措施等应急管理权时，却没有相应的法律规定和保障的尴尬。

四 决策方式落后

1. 尚未完成从传统的经验决策向现代科学决策的转变

我国的应急决策方法主要还是采用经验决策、专家咨询、临场会商等传统方法。应急决策是非常态下的非程序化决策，在紧急情况下，决策团体和专家通常很难采用全体一致的规则，因而一般采用多数制，有时甚至会采用个人决断制。如果决策方案的形成和筛选仅仅依靠经验，那么，人为造成失误的概率就会非常高。实际上，没有科学方法和手段的帮助，这种经验式决策主要是依靠“试错”的方法进行筛选。就是根据决策者的偏好，在一组备选方案中逐一进行试错，然后根据测试结果选择最优方案。这样的决策方式不仅缺乏科学性，而且也会造成决策的滞后性，甚至可能因决策失误带来更大的灾难性后果。

2. 缺乏科学理论的指导和技术方法的支撑

决策是一种艺术，更是一门科学，需要有科学的理论指导和现代的技术方法辅助。作为管理学的一个分支，早在20世界70年代，以赫伯特·西蒙（Herbert A. Simon）为代表的决策理论学派便已经形成。决策理论学派吸收了系统理论、行为科学、运筹学和计算机科学等众多学科的研究成果，从决策对象、准则、程序、方法等方面为决策者提供了一套完备的理论指导。[①] 我国在决策领域的研究远远落后于西方，对引进

---

① 《决策理论学派》，2014年10月15日，百度百科（https://baike.so.com/doc/6479510-6693213.html）。

和吸收国外的决策方法和技术也非常有限，如定量分析的方法、系统论、运筹学和计算机分析等新型的决策方法和技术尚未广泛地应用到现实的决策中，所以，应急决策既缺乏科学理论的指导，也没有现代技术方法的支撑。

第三章

大数据与政府应急决策体制的内在关系

第一节　大数据对政府应急决策体制的影响

一　大数据给政府应急决策体制带来的宏观影响

1. 挑战

政府应急决策是指在非常态的危机情境下，各种突发不利情况、严重威胁、不确定性、不可预测性高度积聚，政府必须在相当有限的时间约束下，做出关键性决策和具体的应急处置措施。大数据时代的来临极大地增加了政府应急决策的困难和挑战。在危机情境下，政府需要对来自网络包括物联网和机构信息系统的数据附上时空标志，尽可能收集多源异构的数据，必要时与历史数据对照，多角度验证数据的全面性和可信性；政府还需要对多源异构、多实体、多空间和交互动态性的大数据样本进行实时处理，需要将高维图像等多媒体数据降维后度量与处理，利用上下文关联进行语义分析，从大量动态而且可能是模棱两可的数据中综合信息，并导出可理解的内容。这些都极大地增加了政府收集和处理大数据的复杂度。

2. 机遇

与此同时，大数据时代来临也为政府应急决策带来了新的机遇。数据规模越大，处理的难度也越大，但对其进行挖掘可能得到的价值也更大。在危机情境下，可以利用短信、微博、微信和搜索引擎，监控热点事件，挖掘舆情，还可以追踪造谣信息的源头。并通过对大数据的分析建模，获得决策支持信息。借助大数据技术不断规范决策过程，提高政府决策机制的效果和整合决策资源，是当前世界各国的通行做法。在欧美发达国家，政府决策机制即时引入大数据的管理模式，极大地提高了政府决策机制的有效性和科学性。如飓风桑迪袭击美国东岸后，研究人员通过对避难所、医院、电力供应状态的持续监测以及气象调查数据，了解灾区需求，进行物资配置和灾后救援；美国医疗保险和医疗补助服务中心利用大数据技术进行报销欺诈的预警预测，实时甄别高风险医疗保健提供者的欺诈、浪费与滥用行为等。[①]

二　大数据对政府应急决策的微观影响

在危机情境下，政府利用传感器、卫星、社交媒体、移动通信、电子邮件、无线射频识别设备持续不断收集物理空间和网络空间的实时数据，并运用大数据挖掘技术，将其转化为有意义、有价值的信息，以获取突发事件的总体描述和态势推演，为决策者提供综合研判和决策支持的信息。

1. 提高决策时效

事故中的实时大数据很好地解决了政府决策中因缺乏及时、全面的信息而导致决策滞后的问题。在大数据时代以前，由于通信工具落后、单一，信息传播速度慢，决策所依据的信息非常有限，因而决策是静态的、阶段性的；而在大数据时代，数据是实时更新、多来源的，因而决策可以根据不断变化的信息做出，决策是动态的、高效的。如 2008 年汶川 5·12 地震一发生，网络上便迅速汇集了来自全国各地描述地震时间、地点和震感的帖子和讨论。通过网民自己的搜索和判断，在很短时间内就把地震中心锁定在四川绵阳附近，速度比四川省政府和中国地震局的信息还快。到 2013 年的四川芦山地震的时候，由于社会化媒体的崛起，网络大数据在灾难中的作用表现得更加充分，微博成为各种信息

① 邢梦婷：《面向政府决策支持的社会舆情信息采集及组织研究》，硕士学位论文，南京理工大学，2016 年。

的主要传播平台，新浪、腾讯的微博上每天都涌现出海量与地震相关的信息，如伤亡情况、援助需求、捐款信息等，有些网友甚至专门制作了可视化图标来展示灾情现状。很多网站如百度、搜狐、人人网等也很快推出了寻亲寻人平台。① 在移动互联网和传感器的帮助下，网上灾情呈现几乎和现实灾情同步，政府可以即时知道灾难事故的发展变化，并借助实时大数据快速形成决策，大大提高了决策时效性。

2. 改变决策方法

在传统的小数据时代，政府应急决策采用的是经验决策方法。但赫伯特·西蒙的有限理论就认为，决策者（或管理者）由于受到有限理性的影响，往往并不能做出科学的决策方案。决策者（管理者）的知识、信息、经验和能力都是有限的，他不可能也不企望达到绝对的最优方案，而只以找到满意方案为标准。也就是说，信息掌握、认知水平和时间限制都将影响到决策者的行为。在突发事件中，不仅时间紧迫，尤其在特大灾难事故中，时间就是生命；而且情况复杂、演变快速、目标多元而且不确定。在这样的环境下如果仅仅依靠经验决策，效率和效果都无法保证。如2006年美国“卡特琳娜”飓风事件中，管理人员决策失误，导致救灾款发放混乱，造成数百万美元的损失。② 但在大数据时代，政府可以利用计算机技术、大数据挖掘技术和人工智能技术（AI），对突发事件的实时数据进行恰当的管理、建模和推演，从而对未来做出可选择的多样化的描述和形成多种决策备选方案，实现从经验决策向社会计算的转变。社会计算方法可以把突发事件中各种大数据进行有效整合，并根据相关关系，对影响事故的所有信息进行考量、计算和分析，最终把数据转换为有用的信息和决策的可能方案。

3. 扩大决策参与度

长期以来，我国应对突发公共事件所采用的是单一的决策主体——政府。有研究者认为，政府由于自身能力与资源的限制往往会导致决策

---

① 《网络大数据挖掘如何促进防灾减灾工作》，2014年12月9日（http：//www. knowlesys. cn/ab/key/dashuju_fangzaijianzai. html）。

② 夏德雨：《突发事件中管理者应急决策模式的质性研究》，硕士学位论文，西北大学，2015年。

失效或供给不足。重大突发事件的决策，对组织的弹性化、柔性化以及回应速度等提出了较高的要求，单一决策主体已无法满足这些要求，需要构建由多元主体构成的决策参与机制。而信息技术和网络技术的发展，也赋予了社会组织及其网民远距离共事和“分散地点工作”的能力。[①] 在移动互联网时代，开放、连接、共享、参与成为了时代的主要特征。社交媒体和即时通信工具的普及，让普通的亿万网民和无数的民间组织、企业得以方便地参与到突发事件（尤其是特大灾难事故）中来，通过灾情信息分发、地理位置定位、急救物质筹备、社会捐助动员、避难场所通告、寻亲线索提供、救灾款项监督、受灾群众情绪安抚、灾难谣言澄清等方式，在政府的决策系统中扮演着信息发布者、问题监督者、社会监督者、行动动员者和决策参与者的角色。政府、专家和社会力量被有效整合，民众的智慧、力量被充分发挥，大大弥补了政府临时团队、专家决策的不足和势单力薄，扩大了政府决策的参与度，改变了传统的单一决策模式，形成了多主体参与的现代决策模式。在信息的指引下，政府和社会各界力量就共同的目标形成决策共同体，协同应对和处置社会危机。

4. 提高决策透明度

在传统的封闭的数据环境下，政府决策机制是封闭式的，所依赖的数据和信息、决策过程和结果也都是封闭式的。而大数据时代，公开、互联、互动是大数据技术的要求，也是大数据思维的特征，更是世界各国政府努力的方向。政府数据的开放使得政府部门之间数据割据和信息孤岛消失，信息流通由宝塔式的层级化变成了环形的扁平化，同时，移动互联网和社交媒体也打通了政府与社会的壁垒，实现了横向交流与互动。这些多源的数据经过整合，能够帮助决策者全面了解、准确掌握所需信息，研判发展趋势，政府阳光决策成为一种可能，决策效率也大幅提升。此外，大数据还会降低精英和权威决策在政府决策机制中的不足，这种不足主要是科学性和准确性不高。所以，大数据在提升信息的

---

① 刘霞、向良云：《网络治理结构：我国公共危机决策系统的现实选择》，《社会科学》2005 年第 4 期。

内外部完全性和决策透明度方面有着巨大的作用。

第二节 大数据对政府应急决策产生影响的具体机制

一 大数据的公开性和自由流通，解决了内外部信息不完全和决策失效的困境

我国政府的决策机制是“科层组织架构＋民主集中制内核”的混合体，这种决策机制结构存在内外部信息不完全和决策失效的困境。

我国政府决策的“科层体系”就是通过层级划分的方法，把各个行政区划分成不同的条块，然后又通过层级的部门化把块块切成条条，这样就形成了条块融合的决策体系。此外，中国政府决策体系呈现一种金字塔形叠合的民主集中制决策链，如图3—1所示，每个模块A、B1、B2、C1……都是一个民主集中制决策单元，这种决策机制决定了信息的传导链路是自上而下的单向流动，水平方向上的信息传递是不存在的，下层的信息点只能从上一级的决策点获得信息支持。

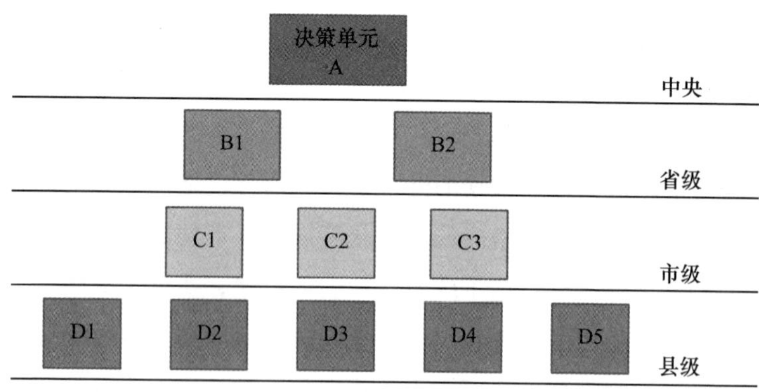

图3—1 我国传统的民主集中制决策链

政府决策的这种混合形式的决策模式使得内外部信息的完全性降低，从而带来决策时效问题，主要包括：一是多层次的委托代理链导致信息传递时滞和信息失真，代理成本过高，从而导致决策低效。二是相

对封闭的信息传播体系，导致政府“数据孤岛”现象严重，公众的决策参与度不足。即使在政府部门之间，也由于条块分割导致政府数据部门化，“数据孤岛”与“数据烟囱”现象严重。

面对政府决策存在的这些问题，大数据可以有效消解内外部信息的不完全性难题。由于大数据要求数据的公开化和透明化，并且其所搭建的数据平台也是公开的，那么政府部门之间的信息流通就会是扁平化的，层层递进或者严格的官僚制的消极效果将会被消解，科层内外部的信息沟通将会变得非常畅通，沟通效率也大幅提高。此外，大数据还会降低精英和权威决策在政府决策机制中的不足，这种不足主要是科学性和准确性不高。所以，大数据在提升信息的内外部完全性和决策效果方面有着巨大的作用。

二　大数据的网状结构，解决了政府金字塔式的决策结构问题

传统的金字塔式的、单向度的上下单链决策模式是不适应当前现实社会需求的，我国传统的政府决策机制模式在大数据时代背景下，将会慢慢地进行决策结构的升级。伴随着大数据的处理能力的不断提升，以及大数据的各种理念和技术的不断更新，我国政府决策机制将会形成一种基于 CDO（首席数据官）决策支持系统的网络状新型政府决策结构链（见图 3—2）。

在大数据的推动下，我国政府决策结构的升级，将会产生三方面的作用：

1. 科层组织的弱化

在大数据背景下，政府决策机制的扁平化结构得到建立，各个利益主体参与政府决策的过程，它们之间是联动、协同发展的信息沟通模式。随着科层组织的不断弱化，各个决策单元之间不再是金字塔式的关系结构，而是转换为网状的决策结构，联系它们的是数据中心的数据交互，委托代理人链条的空间被极大地压缩，形成扁平化的代理结构，极大地降低了代理成本。在大数据的促进下，科层组织的弱化程度进一步加速，各个决策单元的协同步伐更加协调，决策部门的内部参与度提高，决策的联动性更好。政府之外的社会、企业和个人的决策积极性得

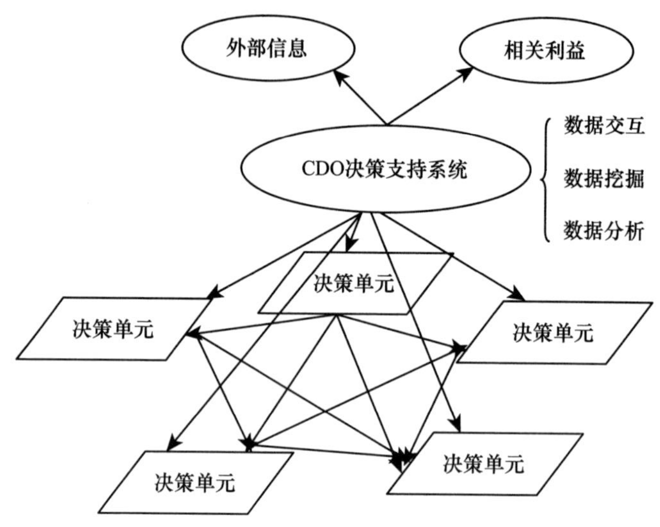

图 3—2 大数据背景下的决策结构链

到提高，公私之间逐渐形成扁平化的利益决策关系。

2. 民主决策程度的提高

在大数据的推动下，我国政府决策的民主集中制的广度和深度将会得到进一步的拓宽和提升，外部信息主体和相关利益主体会通过数据中心与政府决策中心形成信息交互的关系，这就极大地扩大了政府决策的民主集中的参与范围。政府决策的边界在信息的规模扩大和历史数据的整理挖掘中将会发生位移，也就是说，传统的民主集中决策机制的某些部分将会被大数据的计算系统代替，并且这个计算系统会极大地简化决策过程。

3. 民主决策效率的提高

我们可以从战略性—事务性和风险型—非风险型两个维度划分决策类型（见图 3—3）。大数据极大地降低了信息的不完全性和不对称性，事务性—非风险型决策可以由民主集中决策集体确定决策规则体系，系统按该决策规则体系计算出结果后自动决策；事务性—风险型决策则可由系统将所有备选方案提出并进行比较分析，由民主集中决策集体进行选择决策；战略性—非风险型决策则由民主集中决策集体进行任务分解和框架搭建，系统辅助决策；战略性—风险型决策则在系统充分提供信息的基础上，主要依赖于民主集中决策集体的经验决策。

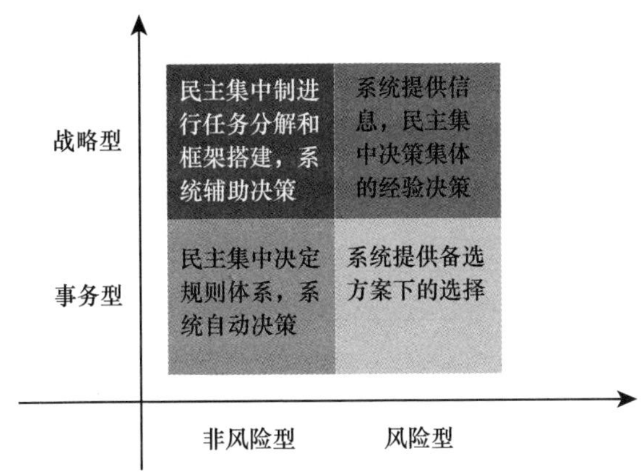

图 3—3　民主集中—CDO 决策边界划分模型

三　大数据的整合机制，解决了政府决策效能低下的问题

大数据时代，政府在应急决策时，面临着海量的复杂的数据信息的管理和分析，这些数据是对事实的记录，通过分析和研究这些记录，可以洞察、发现突发公共事件的一些发展演变规律。数据表示的是过去，但表达的是未来。通过大数据挖掘技术，可以预测事件的发展走向。而数据越全面越准确，其预测的准确性就越高。因而，政府在应急决策时，需要对各种数据进行有效的管理和整合，从而挖掘有价值的信息供决策者进行参考。数据仓库、数据联机分析技术、数据挖掘技术、深度学习等的日趋成熟和在决策辅助系统中的运用，使大数据技术的整合功能大大提高。数据仓库也称为分析型处理，它可以分析处理不同时间、不同类型的数据集合，它是建立决策支持系统的基础。传统的关系型数据库无法处理的大量的、非结构化的数据，在数据仓库和联机分析、数据挖掘技术的帮助下，已经可以快速地实现将各种类型、各种来源的历史数据和实时数据进行集成，统一进行组织、管理和分析的功能。表 3—1 是一个关于传统数据库与数据仓库的对比表[①]：

① 谭跃进、黄金才、朱承编著：《决策支持系统》（第二版），电子工业出版社 2015 年版，第 101 页。

表 3—1 传统数据库与数据仓库对比表

传统数据库	数据仓库
细节的	综合或提炼的
在存取时准确的	代表过去的数据
可更新的	不可更新
操作需求事先知道的	操作需求事先不知道
事务驱动的	分析驱动
面向应用	面向分析
一次操作数据量少	一次操作数据量多
支持日常操作	支持决策需求

大数据、大数据技术的整合功能与机制，影响着政府应急决策理念、应急决策支持系统、应急决策机制、应急决策组织架构四个关键要素，进而提高了政府的应急决策效能。

1. 更新政府应急决策理念

在大数据的直接影响下，政府决策理念发生了变化，陈旧的理念被抛弃，那种面向不确定性、非线性的、自下而上的政府决策理念开始形成。决策理念会受到科研范式的影响，而大数据时代的到来则直接导致了新型科研范式，也就是密集型科学研究范式的出现。这种科学研究范式体现在大数据的实际运行机制中。无所不在的互联网和物联网，构筑了物质世界和虚拟世界的复杂网络，并对现实世界的客观问题进行决策思考。与专家、精英和权威的决策机制不一样，大数据具有更好的行业穿透力和流动性，那些传统的、线性的和自上而下的决策模式将会为大数据的决策思路所取代。政府应学会运用大数据的决策思维，改变传统落后的决策思路，构建依赖于大数据分析的多边治理的科学决策模式。

2. 升级政府应急决策系统

应急决策系统不是孤立的，需要相关要素的支持，大数据改变了传统政府决策机制的那种条块分割的要素支持系统，消除了“数据孤岛”，弱化了“信息鸿沟”，缩短了信息传递层级，突出了首席数据官在政府决策机制中的关键地位。通过设立专门的首席数据官和数据分析中心，不仅可以推动政府建立一套数据采集、分析、使用的规则，而且能推动政府各部门之间的数据联通和整合，将一个个“数据孤岛”连成一个“数据村落”，让数据和信息在这个村落里自由流动和共享。

3. 完善政府决策机制

政府决策机制在大数据的推动下会逐渐完善，后者会不断扩大决策的民主集中范围，重新界定决策边界，有效提高决策效率，增强决策的灵活性和针对性，保证决策程序的科学性，最后形成民主集中制与首席数据官制度相结合的新型决策机制。一是运用大数据缩短民主集中制的决策周期，通过 CDO 决策支持系统可以以更低的成本和更快的速度获得民众意见和经济、社会、政治领域的各类信息，缩短从收集民主信息到做出决定以及决定执行、反馈的时间。二是通过大数据技术的应用加快了民主集中制运行方式的程序化。大数据对决策流程进行了程序化再造，使得决策过程的规范性、民主性和公平性得到了更大程度的体现。三是利用大数据技术使民主集中制系统更加灵活、富有生机和活力。大数据保证了更广泛的民主和更有效的集中决策，是民主集中制在技术手段下的完善和进步。

4. 重构政府决策架构

决策组织的构成水平决定了政府决策机制效能的高低。在大数据的促进下，政府的决策组织必须进行一定程度上的重构，才能跟上发展了的社会实际情况。大数据具有极强的包容性，有很多差异性的数据信息存在其中，这使得政府的横纵切面都需要做好组织结构的重构工作，政府内部之间的关系、政府和社会公众之间的边界需要形成扁平互动的组织结构，不断提高政府各个部门的协同决策效率。另外，大数据调整了政府组织体系内部的沟通格局，极大地降低了信息机会主义的发生概率。大数据明确了各级政府之间的关系，并且这种关系可以通过量化的数据体现出来，大数据管理平台能将宏观概况和微观运行实时呈现，各级政府之间可互相观察，这样一来，不仅中央政府顶层设计的能见度得到了提高，下级政府的政策落实行为也变得清晰可见。由此可见，大数据不仅梳理了政府决策组织间的关系，而且提高了政府决策程序的透明度，决策监督性政府和反馈执行性政府间的交互性得到提高，加快了决策信息的双向流动，从而构筑了新型的政府决策架构。

第四章

大数据在政府应急决策中的具体应用

第一节　大数据技术在决策支持系统中的应用

一　决策支持系统的研究

1947 年，美国第一台计算机问世后一年，卡内基梅隆大学的赫伯特·西蒙教授出版了《行政组织的决策过程》一书，他认为，人类的理性是有限的，因此所有的决策都是基于有限理性的结果，如果利用存储在计算机中的信息来辅助决策，人类的理性范围将会扩大，决策的质量就会提高。他还预测，人类进入信息社会以后，面临的中心问题将从如何提高生产率转变为如何更好地利用信息来辅助决策。

卡内基梅隆大学是美国信息技术研究的顶级学府，它以计算机科学和交叉性研究而闻名。西蒙把一生的精力都放在对决策和信息的研究上，并因此于 1975 年获得了计算机学界的最高奖——图灵奖。1978 年，他还因商务决策过程的出色研究而获得了诺贝尔经济学奖。[①] 西蒙对决策支持体系的研究，是现代商务智能最早的源头和起点。

从数据到知识，人类整整用了半个多世纪。在这半个多世纪中，决策支持系统因为缺乏有效的数据组织方式而徘徊不前。直至 20 世纪 90

① 涂子沛：《大数据：正在到来的数据革命，以及它如何改变政府、商业与我们的生活》，广西师范大学出版社 2015 年版，第 87 页。

年代，由于大数据和新技术的出现，商务智能才得以发展。①

二 数据库的出现

计算机内部的数据组织形式是二进制。因为二进制的引进，软件的运行才有了支点。软件是由程序和数据组成的。二进制的确定，解决了数据在计算机内部传送的理解和流动问题。但是当数据在计算机内累积越来越多的时候，如何快速地组织、存储和读取数据，又成为新的挑战。计算机科学家一直在研究软件内部的最佳组织方式。1970 年埃德加·科德（Edgar Codd）发明了关系型数据库。科德的关系型数据库具有结构化程度高、冗余度低、独立性强等优点，彻底把软件的程序和数据分离开，关系型数据库得到大范围推广，引发了软件领域的一场技术革命，科德因此获得 1981 年的图灵奖。② 从此以后，大型的信息管理软件发展迅速，大大提高了商业效率。但是，这些信息系统，是针对特定的业务过程、处理离散事务的运营式信息系统。数据在其中的作用，是一个个商务流程的记录，作用仅仅用于查询而不是分析。所以，随着信息的激增，我们生产的还是数据，而不是知识。

三 数据仓库的成熟

怎样从各个独立的信息系统中提取、整合有价值的数据，从而实现从数据到信息、从信息到知识、从知识到利润的转化？这个需求随着信息管理系统的普及以及商业竞争的加剧，变得越来越迫切。信息是否及时准确、决策是否正确合理，对组织的兴衰存亡影响越来越大。由于现实的迫切需要，决策支持系统的旧问题又重新回到科学家的关注中。决策支持系统面临的瓶颈，是如何有机地聚积、整合多个不同的运营信息系统产生的数据。20 世纪 70 年代，美国麻省理工学院的研究人员第一次提出，决策支持系统和运营信息系统截然不同，必须分开。这就是

---

① 涂子沛：《大数据：正在到来的数据革命，以及它如何改变政府、商业与我们的生活》，广西师范大学出版社 2015 年版，第 88 页。

② 同上书，第 89 页。

说，要为决策支持系统设计独立的数据存储结构。但是，当时数据存储能力有限，这一研究一直停滞不前。①

1979 年，美国一家致力于构建独立数据存储结构的公司 Teradata 诞生。1983 年，Teradata 为美国富国银行建立了第一个决策支持系统。另一家信息技术公司 IBM，也为多个分立系统的整合问题而大伤脑筋。1988 年，IBM 的两名研究员 Barry Devlin 和 Paul Murphy 创造性地提出了数据仓库的概念。但是，IBM 并没有进一步提出实际的架构和设计。直到 1992 年，比尔・恩们（Bill Inmon）出版了《数据仓库之构建》，第一次提出了数据仓库的清晰定义和操作性法则，拉开了数据仓库应用的序幕。②

数据仓库就是一个面向主题的、集成的、相对稳定的、放映历史变化的数据集合，用于支持管理中的决策制定。数据仓库和数据库是两个不同的系统，前者是以数据分析、决策支持为目的来组织存储数据，而数据库是为运营性系统保存、查询数据。

不久，拉尔夫・金博尔（Ralph Kimball）出版了《数据仓库的工具》一书，提出了不同的建构方法。恩们强调数据的一致性，主张由顶至底的建构方法，就是先创建企业级数据仓库。而金博尔主张从下至上，就是从部门到企业建立数据仓库。部门级的数据仓库叫作数据集市（Data Mart）。金博尔从易到难的架构符合人类的普遍心理，因此，受到广泛欢迎，商务界随即掀起了一股创建数据集市的大潮。数据仓库的理论和技术，在争论中不断得以丰富，到了 2000 年，已经完全成熟，被业界所接受。③

数据仓库是对海量数据进行分析的核心物理架构。它是一种格式一致的多源数据存储中心，数据源可以来自多个不同的系统。这些系统即使运行的平台不同、编制的语言不通、所处的物理位置不同，但数据可以按统一定义的格式被提取出来，再通过清洗、转化、集成，最后加载

---

① 涂子沛：《大数据：正在到来的数据革命，以及它如何改变政府、商业与我们的生活》，广西师范大学出版社 2015 年版，第 91 页。

② 同上。

③ 同上书，第 92 页。

进入数据仓库。这个提取、转换、装载的主要过程，可以通过专门的ETL（Extraction，Transformation，Load）工具来实现，这种工具，是数据仓库领域的主要产品。ETL 和数据仓库理论的成熟，突破了决策支持系统的瓶颈。商务智能的发展走上了发展快车道。

四 联机分析的引入

数据仓库的物理结构出现以后，商务智能的下一个产业链——联机分析就迅速形成，数据仓库散发出真正的魅力。联机分析是把分立的数据库相联，进行多“维”度的分析。维就是人们观察事物、计算数据的特定角度。分析问题的任何角度，都可以看作是一个或多个维度的交叉。关系型数据库为基础的运营式信息系统与联机分析的不同在于，运营式信息系统是静态的，是软件开发人员将最常见的问题定制在软件中，没有定制的问题，系统就无法回答，这种系统无法满足决策分析人员的全部需要。而联机分析是动态的，可以问任何维度交叉和细分的问题。联机分析把定制报表的权力由后台的开发人员直接转移到了前端的用户。用户可以随意创建自己所需要的报表，开发人员只需要预先在后台构建多维的数据立方体模型。用户可以在前端的各个维度之间自由切换，从不同维度、不同颗粒对数据进行分析，从而获得全面、动态、随时加总或细分的分析结果。①

五 数据挖掘的广泛应用

数据仓库、联机分析技术的发展和成熟，为商务智能奠定了框架，但真正给商务智能赋予智能生命的是它的下一个产业链：数据挖掘。一开始，数据挖掘被称为“基于数据库的知识发现”，后来随着数据仓库的产生，数据挖掘的叫法被广泛接受。②

1989 年是数据挖掘技术兴起的元年。图灵奖的主办单位计算机协

---

① 涂子沛：《大数据：正在到来的数据革命，以及它如何改变政府、商业与我们的生活》，广西师范大学出版社 2015 年版，第 93—96 页。

② 同上书，第 97 页。

会（ACM）下属的知识发现和数据挖掘小组举办了第一届数据挖掘的学术年会，并出版专刊。从此以后，数据挖掘成为一门显学，走进了大学课堂，美国的不少大学还设立了数据挖掘的硕士学位。这一年，高德纳咨询公司的德斯纳在商业界为“商务智能”给出了一个正式的定义：“一系列以事实为支持、辅助商业决策的技术和方法。”数据挖掘这种新技术的出现，使商务智能具备了智能的内涵，也标志着商务智能完整产业链的形成。①

数据挖掘的目的有二：一是发现潜藏在数据表面之下的历史规律，称为描述性分析；二是对未来进行预测，称为预测性分析。数据挖掘把数据分析的范围从已知扩大到了未知，从过去推向了将来。通过十多年的发展，数据挖掘范围正在不断扩大。传统的数据挖掘是指在结构化数据中发现潜在的关系和规律，但随着商业竞争的激烈化，更加高端的数据挖掘也开始出现，比如分析网络中的非结构化的数据，把散布在网络中的数据整合起来，挖掘出有价值的信息和知识。②

数据挖掘把数据分析范围从已知扩大到未知，从过去推向了将来。通过十多年的发展，其挖掘的范围也在不断扩大，从结构化数据到网络留言等非机构化数据，如网民在博客、论坛、微博、社交网站上的各种看法和评价，正在成为数据挖掘攻克的难点和重点。

六　机器学习的兴起

目前，数据挖掘已经不是大数据的前沿，至少在欧美等大数据发展比较快的国家是这样，机器学习才是热点。因为大数据最有价值的部分在于如何利用机器去处理数据获得洞见，影响组织和个人的行为，从而改变世界。收集和整理数据会变得标准化和自动化，而利用机器进行分析的能力会变得更为关键。数据挖掘是通过特定的算法对大量数据进行自动分析，从而解释数据当中隐藏的历史规律和未来的发展趋势，为决

---

① 涂子沛：《大数据：正在到来的数据革命，以及它如何改变政府、商业与我们的生活》，广西师范大学出版社 2015 年版，第 98 页。

② 同上书，第 99—100 页。

策者提供参考。机器学习也是凭借计算机算法，但是和数据挖掘相比，算法不是固定的，而是可以自己调整参数。就是说，它能够随着计算、运行的次数的增多，即通过给机器输入输出数据，让机器像人一样通过学习逐步自我提高改善，使挖掘和预测的功能更准确。这也是大数据被称为革命性现象的根本原因。它标志着人类社会从知识时代向智能时代迈进。智能时代的特点是无处不在的计算机和网络将像智能的人一样为人类工作和服务，如无人驾驶、智能学习平台、自动诊断系统等。

七 数据可视化技术的流行

进入 21 世纪，新的技术不断发展，把商务智能向前推进了一大步：数据可视化。其先驱人物是耶鲁大学教授弗朗西斯·安斯科姆（F. J. Anscombe），1973 年，安斯科姆发表了一篇论文：《统计分析中的图形》，阐述了图形在统计研究中的重要作用。他认为：计算机不仅要能计算，还要能将计算结果转变成为直观的图形。我们应该研究这两种结果，因为每一种都有助于我们理解问题。① 而耶鲁大学的政治学教授爱德华·塔夫特（Edward Tufte）率先奠定了数据可视化这门学科。他出版了《定量信息的视觉展示》一书，书中考证了人类用“图形”表达“数据”和“思想”的渊源，此书被公认为数据可视化作为一门学科的开山之作。后来，他又出版了《视觉解释》《美丽的证据》等著作，每本书都产生了轰动效应。他也从“政治学”转型为“信息学”专家。2010 年，奥巴马任命塔夫特为顾问，要求他运用数据可视化技术推动联邦政府专项资金使用情况的透明度。②

数据可视化技术，是大数据时代人们急需展示数据、理解数据、演绎数据的结果。它把美学元素带入了商务智能。从点线图、直方图、饼图、网状图等简单图表，发展到仪表盘、记分板，再到以交互式的三维地图、动态模拟、动画技术等更加直觉化、趣味化的表现方法，有效地

---

① 转引自涂子沛《大数据：正在到来的数据革命，以及它如何改变政府、商业与我们的生活》，广西师范大学出版社 2015 年版，第 102 页。

② 同上书，第 104—105 页。

传达出数据背后的知识和思想。可视化技术的出现，使商务智能产业链形成了一个从数据整合、分析、挖掘到展示的完整闭环。它的起点是多个独立的关系型数据库，经过数据整合之后形成统一的多源的数据仓库，再根据用户需要，重新取出若干数据子集，进行联机分析，或进行数据挖掘，发现潜藏的规律和趋势。如果挖掘的结果经得起现实的检验，就形成了新的知识，这种知识，还可以通过数据可视化表达、展示和传递。①

第二节　大数据思维在决策支持系统中的应用

在大数据时代，信息的爆发式增长不仅使政府的应急决策技术手段产生变化，同时也催逼决策思维的转变，就是从海量数据中发现问题，用全样本的思维和方法来思考问题。即需要从定量性、全局性、相关性和智能性四个维度全面构建大数据思维。

定量性。大数据时代，一切都可以量化。不仅人的年龄、性别、职业、居住地等这样一些客观的东西可以记录、分析，人的情绪、喜好等主观的东西也可以量化分析，大数据分析方法里有一种叫情感分析的方法，就是将各种人类情感转化成实实在在的数据，如在线评论的情感倾向性分析已发展较为成熟，准确率最高能达到90%以上。文本情感分析的应用也非常广泛，可以应用到许多行业，自动提供决策支持，网络舆情风险分析，信息预测等。所以，定量思维就是将一切信息转化成可以量化的数据来辅助决策、解决问题。

全局性。随着数据收集、存储、分析技术的快速发展，我们可以更加方便、快捷、动态地获得与决策有关的所有数据，而不再仅仅依赖于有限的样本。大量的数据分析可以带来更科学、全面的认识，可以更精确地发现样本无法揭示的细节信息。相应地，在进行决策时，其思维方式也应从样本思维转向总体思维，从总体上全方位、系统性地考虑影响

---

①　涂子沛：《大数据：正在到来的数据革命，以及它如何改变政府、商业与我们的生活》，广西师范大学出版社2015年版，第109页。

决策的方方面面，以及决策带来的种种后果。

相关性。相关思维的依据在于，大数据时代一切皆可联，不仅人通过网络、通过社交工具是相互连接的，我们的设备也是相互连接的，这就是我们的物联网。在大数据时代，你可以针对某一个对象在时间和空间两个维度上收集数据，也可以在多个源头从不同角度对同一对象进行数据记录，数据之间可以互相关联、印证，现在很多大数据公司在做的用户画像，就是把用户的各种数据进行关联、整合，然后比较精确地判断用户的特征。维克托·迈尔－舍恩伯格在《大数据时代：生活、工作与思维的大变革》中就提出一个观点，人类通过对大数据的处理，放弃对因果关系的渴求，转而关注相关关系、相互联系。大数据的强关联性可以取代因果关系。运用因果关系解决现实生活中的问题效率非常低下。而且，在面临复杂问题时，单一的因果关系是失灵的。因此在决策中，通过关注各种线性的、非线性的相关关系，可以帮助人们看到很多以前不曾注意到的联系，还可以掌握以前无法理解的复杂技术和社会动态，从这个意义上讲，相关关系甚至可以超越因果关系，成为我们了解问题、解决问题更好的视角和补充。

智能性。大数据技术的发展，极大地推动了人工智能的发展和运用。我们都知道，人脑之所以具有智能、智慧，主要是基于它对周遭的数据信息进行全面收集、逻辑判断和归纳总结，获得有关事物或现象的认识与见解。同样，在大数据时代，随着物联网、云计算、机器学习、人工智能等的突破性进展，大数据决策支持系统不仅能够自动地搜索与决策相关的数据信息，而且能够像“人脑”一样通过统计分析数据，做出判断，从而提供有价值的洞见。而且，数据统计是计算机的强项，比人类的大脑有更大的容量和更快的速度。所以，大数据决策支持系统也就具有了类似于人类的智能思维能力和预测未来的能力。“智能、智慧”是大数据时代的显著特征，决策者的思维方式也要求从自然思维转向智能思维，通过不断提升机器或系统的社会计算能力和智能化水平，帮助人类更加高效、科学地决策。

第三节　大数据在决策过程中的运用

一　决策前的数据收集、分析

决策是将信息转换为行为的过程。如果决策者不能及时得到与突发事件相关的数据和信息，就无法评估事件及其影响并提出解决方案。因此，信息收集和分析，是应急决策的前提。大数据时代的应急决策支持信息系统，要以对应急决策相关数据的把握为基础，只有掌握了全面准确的数据，决策者才有可能做出科学合理的决策。如福建省建成了安监、煤监、水利、消防等 16 个专业应急指挥平台和省级综合平台，初步实现集成，全省防灾减灾和应急处置能力获得大幅提升。如水库信息监测管理系统，首先通过数据采集传感器设备，如雨量计、水位计、流量计实现对数据采集。其次通过信息远程传输技术、运行指令系统完成设备的远程控制、远程管理和远程诊断。最后通过数据分析，利用 GIS 技术，在地图上展示测站位置，同时可对测站的相关信息进行查询调用，系统与基于 GIS 的地理信息系统相结合，可直观、精确应用到政府防灾预警系统。①

与之相反的是，由于没有应急管理综合平台，在 2013 年雅安地震中，当地政府部门无法及时获取本地区居民数量、居住位置等重要数据，导致部分物资调配出现冷热不均的问题。② 再比如，近年各地频发、致多人死伤的“窨井盖事件”。如果有关部门能够给这些窨井盖安装上感应器，使井盖是否缺失的数据能够及时传回相应的管理部门，则可以在很大程度上避免这些悲剧的发生。

关于大数据的收集、分析，一是利用网络数据的在线监测技术与主动爬虫技术对数据进行监测。二是自动地识别不同主题下突发事件的内容信息，并且将这些信息按照特定的规则和要求自动地收集与增量式抓取。三是针对期刊、报告等在内的数据资源以及网络中社交、舆情等数

---

① 资料来自福建省“十三五”数字福建专项规划，2016 年 5 月 17 日（http：//www.fujian.gov.cn/fw/zwgk/ghxx/zxgh/201605/t20160517_1170452.htm）。

② 李丹阳：《大数据时代的中国应急管理体制改革》，《华南师范大学学报》（社会科学版）2013 年第 6 期。

据和其他多数据来源中的潜在信息进行有效萃取与分析，实现对突发事件的信息特征分析。

二 决策中的模型推演、预测

能否有效利用应急管理相关数据，对有可能发生的各类突发事件进行及时的预警和预测，是衡量应急管理水平的重要标准。

要提高突发事件预警能力，可以通过物联网、大数据技术，实现对水、气、声、土壤、生态等环境要素，特别是核与辐射、危废、医废等危险源进行全方位的监测。通过对环境二氧化硫、氨氮和氮氧化物等污染源进行全方位的监测，从而能够准确预警各类环境突发事件、全面反映环境风险和质量的状况和趋势，实现对突发环境风险的预警、应急准备、应急指挥和响应及事后管理，形成环境风险应急的全过程管理。

缺乏数据意识和对数据的应用能力，可能会造成严重的后果甚至悲剧。如 2008 年初波及南方数省的冰雪灾害，实际上早在当年 1 月初，气象部门对灾害性天气已经做了比较及时的预报。然而，我们的应急管理部门并没有很好地利用这一气象数据，对其可能对交通、社会生活各方面的影响进行分析。这种前期预警能力的缺失，直接导致有关部门难以有效应对后来出现的供电线路冰冻、道路毁坏、旅客大量积压等问题，造成巨大的社会成本和经济损失。又比如，北京每年夏季都会下暴雨，而由于城市排水系统设计的落后，每次暴雨几乎都会使城内数十个较低的低洼路段严重积水，尤其是下凹式立交桥地段。2012 年特大暴雨发生前，按照历史数据分析，就可以知道往年会严重积水的低洼路段同样会严重积水。有关部门应该在这些路段设置路障或警示标志，阻止车辆和行人进入。然而，当时有关部门并没有采取措施，以致最后出现震惊中外的广渠门车主溺毙事件。①

应急决策涉及的内容较多，包括预警分析、资源的优化配置和布局、分类分级、预案评估、预案选择、预案的动态调整、资源的优化调

---

① 李丹阳：《大数据时代的中国应急管理体制改革》，《华南师范大学学报》（社会科学版）2013 年第 6 期。

度等。而且，应急决策是在很强的时效性和复杂情景条件约束性下进行的非程序化决定，在传统的决策程序和方式下，其效果难以预测。但是，在大数据技术支持下，可以有效实现决策效果的预测。具体的操作方法就是利用大数据决策支持系统，采用常规的数据挖掘方法，通过数据加工、整合与分析计算等步骤，然后进行建模、推演，将数据转化为可供决策参考的有效知识或观点。利用大数据辅助决策的方式，以科学的计算方法和数据为支点，摆脱了凭直觉、经验和理论知识来决定应急方案、进行应急救援的做法，可以对突发事件中各种可能问题进行数据分析，对决策效果进行模拟、预测，并将预测结果作为最终决策的参考依据，从而提高了应急决策的科学性。

三　决策后的动态监测、反馈

由于应急状态的特殊性，决策变量的模糊性、随机性和未知性，决策者在突发事件发生的早期阶段对事件态势的估计可能会与实际情形存在偏差，所以最初实施的应急方案可能无法完全控制突发事件，随着时间的推移，突发事件的发展态势逐渐变得清晰、明朗，决策者掌握的信息也不断完善。因此，在应急方案实施过程中，决策者需要根据不断完全和清晰的信息、资源条件的变化，及时对应急方案进行调整，才能保证取得最佳的应急处置效果，从而更好地应对突发事件。

可见，应急决策与执行不是截然分开的，是决策反馈再决策再反馈的循环过程，需要考虑应急决策方案随突发事件的情景演变而进行调整的问题。当某一应急决策方案实施后，可以通过决策信息系统对各方反馈信息进行动态监测和抓取，并根据不断完善的信息对应急决策的效果进行检测和评估，如果决策出现失误或偏差，可及时进行调整和修正，以防止决策失误带来的更大损失或影响。

第四节　利用大数据技术创新应急决策

一　改变应急决策模式

在非常规突发事件中，决策主体必须在充分认识当前情势的基础上，通过科学的手段以及个人、集体的洞察力，对事件演变趋势充分预测、评估后，才能做出决策。显然，建立在经验和过去场景基础上的"预测—应对"模式已无法达到这一要求。我国学者多年前就已经意识到了这一点，并对新的信息技术和传播手段给应急管理带来的机遇和挑战进行研究，提出了要重视信息技术在应急管理中的作用、加快应急管理系统平台建设、增强我国应急管理的研究和实践水平的建议。① 但这些研究尚处于较为初级的阶段，而且，信息的分析处理仍然建立在传统的数据处理、建模及决策支持框架基础之上。对于非常规的突发事件仍然难以应对。

2009 年，国家自然科学基金委管理学部和信息学部、生命学部共同推出了"非常规突发事件应急管理研究"这一重大研究项目，并提出应对非常规突发事件的新模式——"情景—应对"。② 随后，"情景—应对"模式成为应急管理研究的一个热点。有学者指出，对于罕见重大突发事件，必须针对事件当时发生的情景做出实时决策，因此，传统的"预测—应对"的应急决策范式要向"情景—应对"的应急决策范式转化。③ 研究者对"情景—应对"这一模式的研究，着重从情景的定义、情景的要素、情景的表达三个方面进行了较为深入的探讨。这些研究更加重视对情景和情境的深度剖析，并基于历史事件、虚拟事件，对情景进行再界定。④ 随着空间信息技术 GIS、RS、GPS 的发展，以数据挖掘和分析为主的灾情快速评估方法逐渐流行，⑤ 因而基于情景分析的

---

① 王飞跃、曾大军、曹志冬：《应急 2.0：万维社会媒体及群体态势建模与分析》，《中国应急管理》2009 年第 1 期。

② 刘樑、许欢、李仕明：《非常规突发事件应急管理中的情景及情景—应对理论综述研究》，《电子科技大学学报》（社会科学版）2013 年第 6 期。

③ 姜卉、黄钧：《罕见重大突发事件应急实时决策中的情景演变》，《华中科技大学学报》2009 年第 1 期。

④ 王颜新：《非常规突发事件情境重构模型研究》，博士学位论文，哈尔滨工业大学，2011 年。

⑤ Ellen S. D. , Wieczorek G. F. , *Landslide*, *Floodsand Marine Effects of the Storm of January 3 – 5 1982 in the Sanfrancisco Bay Region*, California: US Geological SurveyProfessional Paper, 1982.

方法也被国内外学者认可。①

"情景—应对"决策模式的关键是利用现代信息技术对突发事件进行实时数据监测，并通过数据模型和社会计算等科学方法，从各种综合数据中挖掘出有价值的情报，获取当前态势的总体描述，并进行态势推演和备选方案生成。然后将这些决策信息及时提供给决策者，决策者再根据综合形势和决策目标，进行决策方案的选择和应急部署。下面笔者结合数据驱动的决策支持框架和突发公共事件的具体特征，建立基于大数据技术的"情景—应对"决策模型（见图4—1），为实现政府的应急决策科学化、现代化提供新的视角和可操作化的路径。

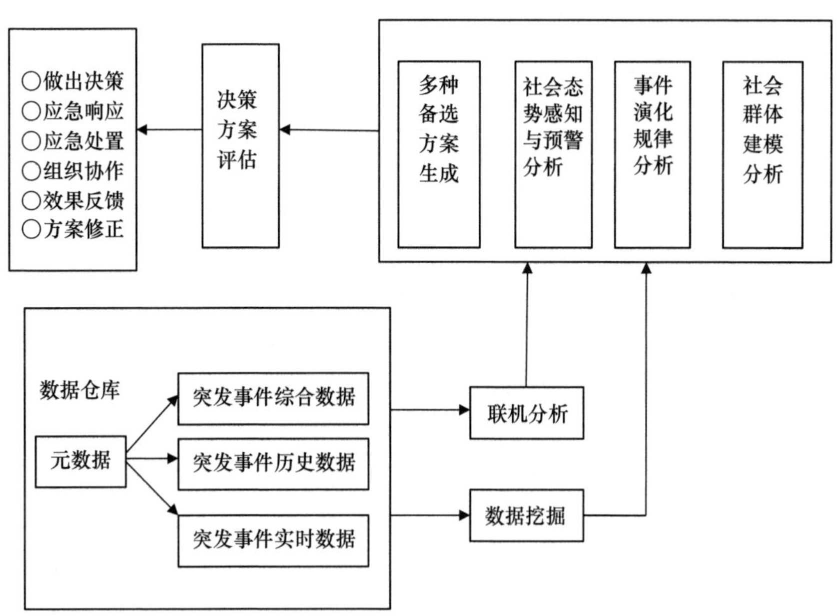

图4—1　基于大数据技术的情景—应对决策模型

二　优化大数据管理环境

要建立"情景—应对"型模式，必须以大数据为基础。而大数据

① 贾顺平、唐祯敏：《基于微观模拟的城市快速路交通事故影响评价系统》，《交通运输系统工程与信息》2006年第1期。

技术的发展和在公共领域的广泛运用，需要政府的引导和推动。政府在大数据发展中主要扮演三个角色：大数据开放的行动者、大数据能力的培养者、大数据应用的先行者。目前，世界各国政府正在从这三个方面努力推动大数据产业的发展。（见图4—2）

各国政府频繁出手	政策着力点
美国：2012年3月，联邦6部门联动启动大数据研究计划，加速共享应用。 2013年5月，要求新增数据必须机器可读，代码开源。 2014年5月，白宫发布大数据报告，提醒重视负面问题。	给数据
英国：2013年1月，政府向大数据技术研发投资1.89亿英镑。 2013年5月，政府和李嘉诚基金会设立首个医药大数据研究所。 2013年6月，政府信息经济战略发布，提出数据创新计划。 2013年10月，计划发布data capability strategy。	带头用
日本：2013年6月，发布“创建最尖端IT国家宣言”，阐述2013□2020年以开放公共数据和大数据为核心的IT国家战略，提出开放数据、促进活用等六项行动，2013□2016年实施。	给钱
澳大利亚：2013年8月，澳大利亚公共服务大数据政策出台，提出2014年前的6项行动计划，由专门部门负责实施。	

图4—2 世界各国政府推动大数据产业发展

中国要想在新一轮竞争中缩小与世界大国的差距，政府必须做到：

一是要转变观念，形成大数据管理思维。观念指挥行动，要想给大数据发展营造一种健康的环境，必须首先转变政府管理者的观念，培养领导干部的大数据思维。大数据思维简单地讲，主要是全局思维、关联思维和量化思维。[①] 具备了大数据思维，政府管理者才会逐渐形成收集、存储、开放、治理“大数据”的意识和习惯，实现由封闭向开放、

① 大数据研究专家维克托·迈尔-舍恩伯格在他的《大数据时代》一书中指出，大数据时代，人们对待数据的思维方式会发生如下三个变化：第一，人们处理的数据从样本数据变成全部数据；第二，由于是全样本数据，人们不得不接受数据的混杂性，而放弃对精确性的追求；第三，人类通过对大数据的处理，放弃对因果关系的渴求，转而关注相关关系。由此论断衍生出大数据思维。

由单向向协同、由定性向定量、由粗放向精准的转变，从而提高政府应急管理的能力和水平。

二是要搞好制度设计，让数据使用有法可依。大数据建设是一项有序的、动态的、可持续发展的系统工程，必须建立良好的运行机制，搞好顶层制度设计，以促进建设过程中各个环节的正规有序和协同推进。同时，完善法规，促进数据合法使用，使大数据的挖掘与利用有法可依、让数据开放和数据使用走向法制化轨道。同时应加快制定关于各类数据的产权归属、隐私保护以及数据采集、存储、加工、传递、检索、授权应用等的法律法规，建立数据保密与风险分级管理机制。可喜的是，中国不仅在 2015 年将大数据列入了国家发展战略，而且于 2015 年 9 月出台了《促进大数据发展行动纲要》（以下简称《纲要》），纲要提出要大力推动政府信息系统和公共数据的互联、开放和共享；引导企业加大对大数据关键技术的研发、产业发展和人才培养力度，促进大数据在各行业的创新应用；完善大数据相关法律法规和标准体系，规范利用大数据，并保障数据的安全使用。2016 年和 2017 年，为了进一步消除信息孤岛，加快推进数据资源向社会化开放，国务院、国务院办公厅相继出台了《政务信息资源共享管理暂行办法》（国发〔2016〕51 号）、《政务信息系统整合共享实施方案》（国办发〔2017〕39 号）两个重要文件。为大数据在全社会范围内流动、共享和开发利用提供了重要的政策依据。各地方政府为了对接和响应中央的政策，也纷纷制定了大数据发展规划。贵州、浙江等地区还率先开展了政府数据普查、全量数据资产管理登记和政务信息资源目录编制等试点工作，为大数据信息平台的建立和信息的整合打下了基础。而在某些领域，如改革、招商、安全管理等领域，有些部门已经开始着手建立政务知识库，这些创新性的实践为政府政务数据的进一步开发利用积累了宝贵经验。

三是要统一标准，重视数据整合。要建立数据资源治理机构，对现有资源进行整合；出台大数据技术、协议、标准等规范，统一政府各部门数据编码、处理、共享、交换标准；要重视数据积累和数据挖掘。消除信息孤岛，一方面要进行纵向信息系统整合，在上下级政府部门之间，利用多级网络和中心数据库，构建统一的信息平台。另一方面，进行水平的电子政务信息系统整合，实现跨部门的政府信息资源共享和政务协同。

四是建立首席数据官制度，推动数据的连通和流动。首先是在各级政府设立首席数据官（或首席信息官）及数据分析部门，进行专门的政务信息规划和数据挖掘工作。其次是建设大数据中心，加强政务数据的获取、组织、分析，通过云计算技术实现大数据对政务信息资源的统一管理，依据法律法规和各部门的需求进行政务资源的开发和利用。具体来说，通过大数据和云计算方法统筹建设中央、省、市、县四级大数据交换共享平台，完善交换共享平台的覆盖范围，打通信息横向和纵向的共享渠道，推进跨地区、跨部门的信息资源共享和业务协同。同时，完善全国政务信息资源目录体系，制定全国政务信息资源共享目录和数据标准，强化对各类信息资源的整合，为中央、省、市、县各级政府深化电子政务应用提供跨层级、跨部门的数据支撑。建立数据中心之间以及各级政务数据库之间的交换、整合、比对、更新、维护机制，建设人口、法人、空间地理等基础数据库，为社会应急管理、公共服务和宏观调控提供数据支持。

三 建设和完善应急决策支持系统

建设完善应急决策支持系统包括四个相互关联的系统：决策信息系统、决策咨询系统、决策监督系统和决策执行系统。

1. 应急决策信息系统

决策信息系统包括前端交互层、业务应用层、数据资源层和基础设施层四个部分。前端交互层主要实现应急信息的发布交互，应急信息可通过政府门户网站、政务微博、微信、广播电视媒体和企业行业网站动态发布，公众可以通过互联网或手机、平板电脑等移动智能终端接收信息、交流意见，实现公众与政府部门互动。业务应用层主要实现政府对突发事件的预警、应对、协调、处置等应急管理业务应用，以政府应急管理系统为中心，除应急信息接收、汇总、办理、审核、报送和发布等基本功能外，利用大数据技术实现应急决策分析和突发事件舆情监控、应急指挥与调度功能，并与政府各部门各机构的应急专业系统协同工作。数据资源层主要实现应急信息资源的存储、数据传递、交换、挖掘、结果输出等功能。在大数据环境下，政府应急决策支持系统需要处理的数据类型多样、数据量很大。因此，需要将基础信息库、空间信息库、事件信息库、预案、模型、案例、文档和知识等应急信息资源进行存储和管理，提供高吞吐量的应用程序数据访问，处理大量的多结构化应急信息数据，进行数据挖掘、分析和加工，与业务应用层各应用系统交互，或直接反馈到用户界面。基础设施层是应急信息系统的硬件设备，主要由服务器及存储系统、智能感知设备、高速宽带网络、安全保障系统和应急通信系统组成。

2. 应急决策咨询系统

咨询就是把知识转化为解决问题的能力，是一项智能运动，自古以来就很盛行，古代的门客、辅臣都是掌权者咨询的对象。随着社会的发展，咨询已经组织化为一些专门的机构。应急决策之所以需要建立咨询系统，其目的在于使决策更加民主化、科学化，以减少决策的失误。在很多省市的突发事件应对条例中，都有规定，凡是县级以上人民政府、专项应急指挥机构应当成立应急管理专家组，建立健全应急决策咨询制度。但这些规定非常粗放，对于如何建立应急决策咨询系统没有详细的指导意见。

建立应急决策咨询系统，就是要把政府的政策研究室、社科院、研究所和各个领域的专家学者，以及民营的咨询公司等智库力量和智力资源整合进来，建立网上应急决策咨询数据库，为政府部门提供应急决策参考。应急决策是知识、技术与智力的集合，因此，决策咨询专家和机构的遴选，需要有严格的标准，应建立一套完整的评价指标体系。不仅要求高素质、职业化，而且要能够运用现代科学方法和最新技术手段，如运筹学、系统论、计算机分析等，创新性地提出决策建议和方案，能够对多种备选方案进行比较、权衡，为应急委员会提供实质性的决策意见和建议。

3. 应急决策监督系统

突发公共事件的应急决策权是政府行政权力的重要组成部分，行政决策必须接受监督与实行责任追究，这既是决策法制化的要求，也是突发公共事件的性质使然。因为应急决策具有很大的风险性，突发公共事件一旦应对失策、处置失当，就可能会造成重大人员伤亡、财产损失或环境污染等严重的社会后果。所以，决策必须有刚性约束。但是，由于应急决策时效性要求高，事件一旦发生，必须迅速做出反应，以防止事态扩散，所以没有时间进行民主协商，往往是在快速征询专家意见后，就需要决策者立即做出选择和决断。在这样的特殊情况下，常规的制衡和监督机制将无法发挥作用。

在常规监督机制失效的情况下，为了避免决策的失误，需要建立一套动态的监督机制。首先是决策的制定和方案的选择一定要有科学的、量化的方法，要在明确决策目标和价值准则的前提下，充分运用决策信息系统的力量，通过分析挖掘突发事件的历史数据、综合数据和实时数据，拟定多种备选方案，并建立相应的模型，通过反复推演，对可能的结果进行预测和评估，然后经由专家小组会商，决策者权衡利弊后从各种方案中选出最满意的一种方案或将多种方案综合成一种方案。由于计算机技术和大数据挖掘技术的发展，决策方案的制定和评估往往在很短的时间内就能完成，大大提高了决策效能。其次，在决策执行过程中，要实时监测执行效果，注意收集各种渠道的反馈和事件的进展，一旦出现偏差，立即启动纠错机制，针对出现的问题，进行再次决策。最后，如果因决策者一意孤行或长官意志造成决策失误，要依法追究法律责任。

4. 应急决策执行系统

决策的目的是为了执行，而执行的结果又可以反过来检查决策的科学性、正确性。决策实际上是一个不断循环的管理过程：“决策—执行—再决策—再执行。”而在突发事件中，情况是不断变化的，决策在执行中可能因为新情况的出现而需要对原决策进行修订、修改。执行实际上是一个检验、反馈的过程，也是认识不断深化、决策不断优化的过程。

完善应急决策执行系统，让决策能够快速、准确地实施，就必须建立起一套既有分工又有协作的高效、严密、有序的执行体系。要打破属地管理的限制，实现资源的统筹规划，做到哪个地方需要什么，就能够快速调动什么。要打破金字塔式的层级决策和执行模式，让各种资源和力量能够快速地发挥效用，而不是在等待一级又一级的授权命令中白白浪费时间。

四　加强决策人与决策分析人的培养和引进

决策是为了达到最优目标，对若干个备选方案进行分析选择的过程。决策是人的一种智力活动，与人的意志、主观愿望和价值判断有关，需要决策人根据影响决策的诸因素做出价值判断与权衡。所以，决策人是应急决策的核心要素。而且，在应急决策中，决策人面临着利益冲突、信息不全、资源有限和情况不断变化的复杂问题，因此，需要建立适当的数学模型，并采用现代化的科学手段对复杂问题求解。因而需要专门的知识和技能。在微观经济学和决策理论中有一个假定，就是决策人是经济人。所谓经济人，也称为理性人，他不仅要有经济头脑，清楚决策的目标并知道如何达到这个目标，知道收集所需要的全部信息，精通运筹学，清楚决策环境，有很强的判断力，能够根据目标做出最有效、最经济的选择。但是在现实中，能够满足经济人条件的人非常少。所以，就需要引入懂得大数据技术和信息技术的专业人才——决策分析人。这样，具有丰富的实际经验和领导管理才能的决策人根据环境和后果做出分析和价值判断，懂得专业技术的决策分析人建立复杂决策问题的数学模型，运用决策论和系统科学的方法进行分析、推理，为决策人制定正确决策提供逻辑判断。

未来将是“大数据”引领社会管理、智能决策的时代。计算机的发展与普及，信息处理、存储和分析技术的进步，加上决策理论的发展、人工智能、知识库的引入，计算机决策支持系统辅助决策的功能将会越来越强大。这对决策人和决策分析人提出了更高的要求。因此，政府要注重决策人和决策分析人才的引进、培养和培训，让决策者具备大数据思维和大数据意识，能够看懂数据分析人员的分析报告、输出结果，并能将这些结果运用于危机管理的各个环节当中，以辅助决策；让决策分析人掌握数学、统计学、数据分析、商业分析和自然语言处理的技能和行业相关知识，具备创新的素质和收集、处理、分析大数据的能力。例如能根据任务的具体要求，综合利用各种计算机手段和知识，收集整理海量数据并加以存储，为支撑相关的决策和行为做好数据准备。对于经过预处理的各类数据，能够根据具体的需求，进行选择、转换、加载，采用有效方法和模型对数据进行分析，并形成分析报告，为实际问题提供决策依据。

第四篇

在协商对话中解决社会治理危机

进入信息化时代后，中国面临着新型城镇化、互联网、虚假信息、技术威胁等多重风险，以及民众参与热情高涨与制度化参与渠道狭窄所形成的参与困境，昭示着学者们所说的风险社会的来临。而风险社会的来临既预示着当前中国政治经济社会领域存在着很多潜在的威胁，也赋予了中国加深和拓展民主的机会，通过吸收西方协商民主理论的合理思想，再结合中国的政治实践，建构基于公民参与、理性审视、公共讨论的中国特色的协商民主制度。然而，在当代之中国，协商民主的建设具有双重价值，它不仅是一种民主制度，也是一种治理形式。它主要通过促进多元化的个体改变偏好、达成共识、产生合法性等方式以增强化解社会冲突的能力，从而提高政府的治理水平。也就是说，执政党、各民主党派、社会团体、社会各界以及社会组织和广大人民群众，在涉及国家利益，涉及自身利益的各项决策时，能够通过制度化的、规范化的平台和渠道，共同参与政治生活，通过平等对话、讨论、协商，在尊重权利和理性的基础上，形成共识，做出符合公共利益的合法决策，推动社会由分化走向合作，推动社会治理由一元走向多元。

第一章

当前中国协商民主制度的现实状况

第一节　中国政协协商存在的问题

政协制度是协商民主在制度安排上的重要体现，它同协商民主在价值诉求上具有契合性。协商民主不仅强调基本的价值诉求和政治参与权利，它更强调政治协商在程序上的合理性和结果上的共识性。从实际运作来看，政协发挥的实际作用与价值诉求之间还具有一定差距。政协的政治协商只是参与协商的功能性存在，并非具有严格规范的制度层面的参与。其主要问题有：

一　法律地位不明确

目前，政协在法律层面的地位不明确，它的组织、职权和权限都缺乏明确的法律规定和规范，这就使得政协进行协商的过程和结果基本上丧失了法律效力。政协在国家、地方政治生活中处于什么地位，要做什么，怎么做，在法律方面一片空白。政协的三大基本职能也只是对政协作用的概括而已，这些职能在法律层面上如何定义、具体如何履行在法律上是空白。协商民主强调政治参与，同时还重视民主程序的规范性和可操作性。

笔者在四川省政协调研时，有政协委员反映，关于政协的规定很模糊，没有在实践层面具有可执行的依据，对于必须进行协商的重要问题和事务缺乏清晰的界定。由于缺乏实施细则和具体操作程序，人民政协的政治协商存在很大不确定性，难以真正做到充分协商和参与民主。

二 协商主体不平等

平等是协商民主的基本要素之一。具体包括：参与协商过程的机会平等，即具有平等获得政治影响力的机会；参与者的权利平等，即平等地发表意见和进行政治表达，参与者具有平等的说服他人的权利；参与主体所掌握的资源是平等，这样才能确保某人同意他人主张时没有被强制。

在各省政协的政治协商过程中，省委省政府很难与其他党派和团体之间做到完全平等。比如，在政策制定过程中，党委和政府是政治决策的主体，参加政协的民主党派、社会各界人士只是建言献策，而非平等协商决策。一些领导认为，党政工作大事多、难事多，需要迅速做出决策，如果重大问题在决策之前都到政协协商，可能会延误时机，影响决策执行的效果。因此，一些地方往往把政治协商变成单方面的情况通报会，有协商之名而无协商之实。在协商中，通常是领导者一方听取意见，然后主要领导发表所谓重要讲话或做指示，缺乏充分的对话、讨论和交流，更谈不上有什么争论或辩论。大众传媒对政治协商的报道，往往也是省委省政府领导人的讲话精神，而没有民主党派到底提出了什么重要意见和建议。还有，各民主党派在权利、制度保障和经费等问题上无法享受充分的独立性，在协商过程中对信息的掌握情况也不对称，也就是说，民主党派在协商过程中获得的支撑性资源明显缺乏，导致政协难以有效参与决策。真正的协商民主必须让政治协商的各党派都处在法律和政策的制定者地位，然后才可能通过各方对话协商达成共识制定政策。

三 协商程序不规范

目前，政协章程中只是规定了政协具有政治协商、民主监督和参政议政三大基本职能，但没有明确规定如何才能保障这三大职能的落实，在建构平等讨论、对话、协商等具体程序方面，政协制度还亟待进一步发展和完善。比如，就协商的内容而言，其相关规定太模糊，缺乏具备可操作的具体依据，对于哪些是一定要进行协商的核心问题，也没有明确规定；就形式而言，如何区别协商和通报的界限，如何在实际操作中防止以通报替代协商，这些都直接影响政治协商的实质；就制度保障而言，怎样才能做到协商的进行不以领导人的注意力或个人偏好而转移，这些都是政治协商发展为协商民主的过程中有待解决的问题。

由于程序缺乏规范性，政协工作经常是党委和政府想协商就协商，不想协商就不协商，还经常用通报来代替协商，用简单问题替代重大问题的协商。有些政协委员认为，政协部门只有建议权，最终决策是否体现民主化还要依靠相关领导的开明程度。因此，想让协商不只是形式层面上推进，就必须全力建设政治协商的程序化，在程序化的基础上保证制度化和规范化。

四　协商讨论不充分

协商民主强调参与主体拥有平等的协商地位，以理性为基础、诉诸公共利益和公正。人们借助理性，通过沟通、反思、偏好的转换以及最终妥协来达成共识。在协商中，发挥作用的不是带有个人情绪的诉求，而是理性的分析和合理的观点。协商参与者通过获取最有信服力的信息，调整自身的主张和意见及建议，并接受他人对自己意见的批判性分析。

由于地位的差别性，政协在政治协商过程中，各民主党派和各界人士主要发挥辅助性作用，更多地扮演着咨询者和建议者的角色。特别是一些委员把头衔仅看作一种荣誉，缺乏责任感，很少搞调查和研究问题；而有些委员过分关心自己所属地区和所属行业的事务，不太关心全局性的问题和重大事项；还有些委员则缺乏界别意识，很少同界别成员联系和沟通，缺乏对问题的协商，最终写出的提案很难表达界别群众多元化的利益诉求。如此种种，导致政协无法真正发挥其应该发挥的作用。

第二节 中国立法听证制度及其存在的问题

所谓听证制度就是相关社会主体通过表达自己意见而参与国家权力运作的一种程序性制度。听证制度最早产生于英国，是西方司法程序中的一项重要内容。作为一种程序民主，立法听证制度具有多方面的功能和意义。第一，立法听证有助于立法机构了解实际情况、广泛收集立法建议，更加科学地做出立法决策，从而克服立法过程中的有限理性。第二，立法听证有利于促进并扩大公民的有序政治参与，促进立法民主化。第三，立法听证是一个可以充分表达利益偏好的平台，利益相关者可以借助立法听证直接表达自身的利益与价值倾向，表达对立法的要求或希冀，从而使立法更好地反映他们合理的心声。第四，实现立法听证制度，对立法获得广泛和比较深入的社会基础也很有好处，使立法能更好地贯彻实施。第五，立法听证是民主实践的课堂，可以为相当广泛的社会主体提供具有制度保障的经常化的民主训练的空间。

一 没有规定明确的听证范围。

立法听证的范围即立法听证的客体、对象，也就是对哪些法案以及法案涉及的哪些内容、什么问题应当举行听证会进行听证。比如，《四川省地方立法听证会规则》对于哪些立法事项必须进行听证，哪些可以进行听证，哪些不用听证则根本没有明确。而江西省和深圳市明确规定了举行听证会的五种情形，广州市、郑州市规定了举行听证会的四种情形，各个地方没有统一而明确的听证范围。

二 听证参加人的广泛性和权利得不到保障

当前在中国的各种听证活动中，在听证参加人的结构问题上，虽然各地都强调为保证听证的公正性和广泛性，要让有关利益主体代表和普通公民代表参与听证会，但在实际操作过程中，由于部门利益倾向及立法者的主观期望等因素的影响，听证参加人的广泛代表性始终不能得到保证。比如说，立法部门总是希望制定并通过法规，无形中会对那些可能提出反对意见的人产生抵触，这就有可能影响听证参加人的选择和确定结果。在听证参加人的权利保障方面，听证规则中没有做出明确而细致的规定，少量的主要涉及参加人的质询、辩论、解答、时间运用等，导致随意性和听证组织人的主观性太强。

三　听证程序的规范化程度不高

由于当前许多省市的听证活动是尝试性的，听证的规范化程度并不高，听证程序的规范还不够明晰、统一，由此引发这样那样的问题，如有的听证通告提前发布时间很随意，短的有时只有一周、半个月，公众知晓面不够大，有时甚至直接利害关系人也不知道听证的举行；有的陈述人发言的顺序和形式安排不好，讨论偏离了听证主题或不够充分；有的欠缺辩论环节等。

四　听证效果不太理想

一方面，中国的立法听证总体上还偏重于听证的民主性效应，注重追求听证的公开透明、公正合理，而对于听证成果的运用即听证结果的处理和应用却重视不够。虽然听证规则规定，听证会结束后，要根据听证记录，听证人合议，制作听证报告，提交立法决策机构；但对听证结果如何采纳，对听证陈述人提交的书面意见和发表的意见如何做出相应处理，并没有明确和严格的规范，也没有公开。另一方面，由于公众对立法意义的认识有个过程，公众参与的积极性不高，范围也比较有限，因此听证会效果不是很理想。

第三节　基层群众自治制度

基层群众自治就是城乡基层群众在党的领导下，依据国家法律和党的政策，按照平等、选举、公开、监督、多数人决定、法治等原则，按照一定程序，民主选举基层群众性自治组织的领导人，对基层公共事务和公益事业进行民主管理、民主决策、民主监督的制度、规范和实践活动。基层群众自治主要包括三个方面的内容：农村的村民自治、城市社区的居民自治和企事业的职工代表大会民主管理。具体形式有民情恳谈会、民主议事会、民主理财会、居民论坛、民主听证会等。

一 村民自治

村民自治就是农村基层人民群众自治，自治的主体是农村村民，自治的地域范围是村，自治的内容为本村的公共事务与公益事业（即村务），自治的目的是实现村民的自我管理、自我教育、自我服务。

在国家政策的倡导下，中国基层政府都在积极探索和创新村民自治的机制。比如成都在推进基层民主建设中，创建推广了新型农村基层群众自治组织——“村民议事会”。成都以建立村民议事会制度为突破，着眼于“还权赋能，村民自治”，按照“三分离两完善一改进”思路，即分离决策权与执行权、社会职能与经济职能、政府职能与自治职能，完善农村公共服务和社会管理体系、完善集体经济组织运行机制，加强和改进农村党组织的领导，形成了以村级党组织为领导，村民代表会议为最高决策监督机构、村民议事会为日常决策监督机构，村委会为执行机构，集体经济组织为集体资产经营管理机构，其他经济社会组织广泛参与的新型村级治理机制。成都各村都建立了“议事会”，村里的大小事务如农村的征地拆迁、土地发包、社会保障、用水用电等事情，都由“议事会”讨论决定，再交由村委会执行，并由全体村民监督。①

但从整体上看，中国农村的村民自治发展尚不平衡，尤其是经济落后的区市县农村还存在这样一些问题：

一是乡镇政府和村委会关系不顺。《中华人民共和国村民委员会组织法实施办法》（简称《实施办法》）规定：乡、民族乡、镇人民政府对村民委员会的工作给予指导、支持和帮助，但不得干预依法属于村民自治范围内的事务。可是实际上，一些乡镇政府仍然直接向村委会下命令、发指标、干预村民委员会自治范围内的事项，改变村委会、村民代表大会的决定，乡镇政府运用国家行政权力直接渗透到村民自治组织的

① 《成都构建完善“一核多元 合作共治”的新型基层治理机制》，2015 年 8 月 17 日（http：//cd. scol. com. cn/cdyw/content/2015 - 08/17/content_51756993. htm？ node = 113686）。

现象在很多地方都存在。同时，《实施办法》又规定：村民委员会应协助乡、民族乡、镇人民政府开展工作。但一些地方村委会干部也曲解了村民自治，认为自己是村民选举的，是为村民办事的，乡镇政府无权干预他们自治方面的事项，于是不接受乡镇政府的领导和帮助，有的还煽动、带领群众与乡镇政府对着干。

二是村党支部和村委会职责不明。《中华人民共和国村民委员会组织法实施办法》规定：中国共产党在农村的基层组织，按照中国共产党章程进行工作，发挥领导核心作用；依照宪法和法律，支持和保障村民开展自治活动、直接行使民主权利。可是这种规定只是一种原则性的规定，没有详细划分职责范围，也没有建立约束机制。因此，村党支部和村民自治组织之间经常会出现职权争执，要么出现党支部越权现象，在客观上将村委会变成了村党支部的辅助组织；要么村委会不服从党支部的领导，影响到基层民主的发挥和村级组织的整体作用。

三是农村精英人才大量流失。农村精英一般指在农村中那些有能力、有精力、有实力、有文化的人。农村精英人才的流失对村民自治的绩效产生巨大负面影响。农村精英人才的流失主要通过两个渠道。其一是“隐形流失”，即国家用固定体制如学校教育体制、招工、征兵提干等培养出来农村精英人才，用固定的方法、渠道将他们纳入到城市体制之中。其二是“显性流失”，主要是指20世纪80年代以来所谓的“打工潮”，大量的农村劳动力涌向城市，这些人员当中自然包括很多的农村精英人才。“隐形流失”造成的后果是，这些流失的农村精英人才不再参与村民自治事务；“显性流失”的后果是，这些农村精英人才大批量流失后不但不能或者说少有参与村民自治事务，而且把本属于自己的权利和义务进行让渡和推卸，从而给村民自治本身留下一个大包袱。

四是村民政治选举冷漠化。村民政治选举冷漠化就是指村民在村委会换届选举的时候，村民不积极甚至不愿意参加投票行为。原因是多方面的，其一是农村村民的权利意识还比较薄弱，习惯了一切事情听政府的，缺少自己主张权利的意识。其二是有些地方的选举程序并不规范，候选人是内定的，村民的投票只不过是走过场，影响了村民投票的积极性。其三是经济落后地区的农村青壮年多数都外出打工，空心化现象严重，留在农村的基本上是老人和小孩，小孩无法参与投票，老人则对政治比较冷漠。民主选举和民主决策是村民自治制度里的最重要的内容，村民政治冷漠化问题大大影响了村民自治制度运行的质量，偏离了实施村民自治制度的本来目的。

二 城市社区的居民自治

城市社区的居民自治是城市居民群众在自己生活的社区内，通过选举、决策、管理和监督，直接参与社区公共事务的一种民主形式。居民委员会是社区居民选举产生的自治组织和机构。

具体的自治模式在中国基层也有各种创新。比如，从 2009 年 5 月起，成都市就建立了行政管理体制改革联席会议制度，定期研究乡镇、街道职能转变试点，明确了“上下联动、体制内与体制外结合”的改革方式。各区从政府自身改革开始，从限制街道办的公权力开始，促使街道办事处转换职能、还权于民、回归服务本位。2010 年，成都以还权、赋能、归位为指引，完善城市社区治理结构，按照“居站分离”原则，构建以社区党组织为领导核心，以社区居委会为治理基础，以社区工作站为服务平台，以社区社会组织为补充的城市基层公共服务体系，并在中心城区开展了试点工作。如今，成都已形成以“街道管理体制、社区治理体制、社会组织管理体制”为核心的“锦江模式”和以“组织细胞化、管理民主化、服务自主化”为主要内容的社区自治新机制的“武侯经验”。其他区市县结合各自实际，也正在积极探索城市基层自治模式。不管什么模式，目的都是要落实居民的自治权。①

当然，中国是一个人口众多、经济发展不平衡的大国，总体而言，经济发达地区的居民自治搞得比较好，但其他经济落后地区仍然存在不少问题，主要表现在以下几个方面：

一是基层政府对居委会过度干预。一些城市基层政府把本来不属于居委会职权范围内的事务都交给居委会办理，使得居委会的任务非常繁

---

① 成都市社会管理创新研究课题组：《成都市社会管理创新的实践与探索研究》，2011 年成都社科年度论坛论文集。

重。有的甚至将居委会当成其下属机构来对待。二是缺乏必需的资源，无法实行居民的自治。有些地方的居委会处于“三无”状态，即无固定的办公用房、无必需的办公设备、无必要的活动经费，大多数居委会都是靠街道办事处的拨款来勉强维持日常开支，严重地影响了居委会干部的工作积极性。三是居委会的干部结构不合理，影响了自治的效果。目前居民委员会的干部年龄普遍偏大，因为很多年轻人不愿意做居民委员会日常事务中那些婆婆妈妈的烦琐事情。四是居民参与社区事务的积极性不高。居民参与是社区建设的内在动力，居民参与率及参与程度的高低也是衡量社区自治的重要标志。然而，在调研中发现，城市社会居民对社区事务参与不足情况十分普遍，社区自治成了居委会自治和政府的行动。

三　企事业的职工代表大会

企事业职工代表大会（简称“职代会”）是企事业单位实行民主管理的基本形式，就是由企事业职工通过召开全体职工大会，选举出职工代表大会，行使企事业民主管理权力。职代会拥有对企业的重大决策进行审议、监督行政领导、维护职工合法权益的权力，因此，职代会是一个可以在一定范围内做出决定的权力机构。也就是说，与职工利益相关的重大事项，不再由少数领导人决定后，而由全体职工讨论决定后，再执行。

相对于农村的村民自治和城市社区的居民自治实践，职代会民主实践要滞后得多，职工和职工代表的民主管理水平和综合素质有待大大提升。主要问题有：

一是职代会的性质和目标定位不清晰。目前各省颁布的与职工代表大会有关的法律法规，对职代会的性质的表述和定位过于宽泛，目标定位不清晰，没有明确界定这种“行使民主管理权力的机构”在企事业中到底属于一种什么性质的机构？其主要目标是什么？它与决策机构、经营机构、监督机构等到底属于何种关系？彼此间的职权和责任有何区别和联系？这就造成职代会在实践中似乎啥都管，但又管不了的尴尬境况，直接影响了职代会民主作用的发挥。

二是职代会自身日常民主管理制度建设不足。职代会在实践中的民主管理作用甚微，一个重要原因就在于职代会的运作形式单一，日常民主管理制度不健全。企事业单位一般每半年才召开一次职代会，有的一年只召开一次。而且，每次会议必须有全体职工代表的三分之二以上出席方可召开。而企业随市场变化需要往往需要及时做出决策，甚至修改以前的一些决策方案。因此，职代会目前的这种单一运作形式很难满足企事业发展的需要。民主作为一种权利，它的实现形式应是制度化、多样化、常态化。建立健全职代会日常民主管理制度成为职代会民主建设的迫切需要。

三是职工代表的构成、权利保障以及素质等亟待改善和加强。职工代表是企事业职工民主管理的主体。职工代表结构合理、权利依法得到保障、切实履行应尽的义务、民主管理素质不断得到提升，这些都是职代会充分发挥民主管理的重要前提条件。然而，在调研中发现，多数企事业单位职工代表存在结构不合理的问题。以一线职工（包括一线工人、技术人员和管理人员）为主体的原则在实践中没有很好地得到落实，一些单位党政领导、正副职领导兼任职工代表的现象比较严重。在董事会、监事会中职工董事、职工监事的比例也过少，一些职工董事、职工监事就是工会正副主席兼任。而职工代表的权利，在实际运作中也无法得到保障。在科层制的企业管制制度之下，职工代表能在多大程度上为职工全体利益而切实忠于职责地履行权利和义务，一般取决于单位领导的民主容量和职工代表的品行、素质和能力。在实践中，职工代表的民主维权行动多数是以职工代表的妥协甚至牺牲自身利益而告终。而且，由于当前很多一线职工的文化素质、民主素养、管理知识以及维权意识等有待提高，影响了职工代表民主活动的成效。

第二章

把西方协商民主理论引入中国社会治理

当前中国社会治理的目标是实现多元主体共治。党的十九大报告明确提出，为了有效回应人民群众的新需要，解决社会的新矛盾，必须加强和创新社会治理领域，建立“共建共治共享”的社会治理格局。从“共建共享”到“共建共治共享”，体现了党中央对社会治理的高度重视和人民共同参与社会治理的一个明确指向，体现了三位一体的治理思路。中国社会治理的目标和价值诉求与西方的协商民主理论高度契合，可以借鉴该理论的价值主张和操作程序实现中国社会治理手段和能力的现代转变。

第一节　西方协商民主理论概述

一　协商民主的基本内涵和研究历程

协商民主是 deliberative democracy 的中文译名，在 20 世纪 80 年代由约瑟夫·贝赛特（Joseph. Bessette）首先提出，随后，波纳德·曼宁（Peyton. Manning）和乔舒亚·科恩（Joshua. Cohen）的研究成果使得协商民主逐渐被关注并流行起来。随后，众多学者孜孜埋首于探求这种新的理论转向。协商民主的基本含义是公民通过自由而平等的对话、讨论、审议等方式，共同参与公共决策和国家治理，从而最大限度地缩小政治差异、减少政治冲突、增进政治共识、凝聚政治合力。乔治·M.

瓦尔德斯认为（Jorge M. Valadez），协商民主是一种具有巨大潜能的民主治理形式，它能够有效回应不同文化间对话和多元文化社会认知的某些核心问题。它尤其强调对于公共利益的责任，促进政治话语的相互理解，辨别所有政治意愿，以及支持那些重视所有人需求与利益的具有集体约束力的政策。[①]

进入21世纪，中国学者开始注意到这种理论的生命力。2003年，俞可平发表《当代西方政治理论的热点问题》一文，首次向国人介绍了协商民主理论，随后，《马克思主义与现实》等杂志陆续发布了介绍协商民主理论的系列文章，生活·读书·新知三联书店还出版了陈家刚主编的论文集《协商民主》，中央编译出版社则出版了俞可平和陈家刚主编的“协商民主译丛”，全面地介绍了西方学者对协商民主理论的研究。一些学者在了解了西方协商民主理论之后，开始结合中国民主政治实践研究协商民主，代表性成果如林尚立的《协商政治：对中国民主政治发展的一种思考》（2003），陈剩勇的《协商民主理论与中国》（2005），何包刚的《中国的参与和协商制度》（2005）、《协商民主：理论、方法、与实践》（2008），陈家刚的《协商民主与当代中国政治》（2009）等。2004年，浙江大学还在杭州召开了协商民主国际学术研讨会，邀请国内国际学者共同探讨中国基层协商民主的实践和理论问题。中国协商民主理论和实践开始受到社会的广泛关注。中国学术界的协商民主研究，得到了一些政策和理论研究组织的支持，尤其是中央编译社和中共中央党校。2006年，中共中央出台了《关于加强人民政协工作的意见》，隐约表达了选举民主和协商民主为中国式民主的两种表现形式。此后，中国政协理论研究会召开了第一次理论研讨会，掀起了协商民主理论研究的热潮。2007年11月，国务院新闻办发布的《中国政党制度白皮书》第一次明确提出协商民主概念，指出“选举民主与协商民主结合是中国特色社会主义民主的一大特点”，2012年，协商民主被写入党的十八大报告，并明确提出社会主义协商民主是我国人民民主的

---

① Jorge M. Valadez, *Deliberative Democracy , Politics Legitimacy , and Self Democracy in Multiculture Societies*, USA Westview Press, 2001, p. 30.

重要形式。并明确指出："要完善协商民主制度和工作机制，推进协商民主广泛、多层、制度化发展。"但是，西方的协商民主与中国的协商民主有着不同的内涵，西方协商民主理论无论是从理论渊源还是现实基础上都与中国的协商民主有着巨大的差别，需要进一步厘清。

二　西方协商民主的理论渊源

西方协商民主理论的兴起是对以往民主理论和实践的继承和发展，包括古希腊雅典民主、共和主义民主和代议制民主。协商民主理论就是通过吸收这些民主理论的历史成果，克服其局限性，在新的政治环境下产生和兴起的一种新的民主理论和实践模式。西方协商民主理论一方面直接继承了雅典民主的成就，即人民主权和人民自治的民主理念，主张公民通过协商讨论参与政治、进行决策、达成共识。另一方面，协商民主克服了雅典民主的诸多局限：其一，协商主体范围更广，包括所有公民；其二，通过严格的程序设计，确保协商中的主体平等和自由，避免精英主义倾向；其三，具有包容性，不仅所有公民都可以参与协商，且协商中的提出的意见也要受到平等对待，协商结果要尽量体现所有人的意愿，特别是少数人的意见；其四，以宪政制度为基础，协商最终要体现在国家决策体系中，即使在公共领域发生的抗议性民主，也要在与国家制度的具体联系中发挥作用，克服了派系斗争和社会不稳定的缺陷。共和主义也对协商民主理论产生了积极的影响：它关于主权来自人民的普遍同意的思想、关于自由是通过参与和创立公意而获得的思想，成为协商民主理论重要的思想来源。同时，西方协商民主理论克服了共和主义民主的几个内在缺陷，包括：（1）协商主体包括所有公民，不因财产、性别等因素被排除在外。（2）在继承主权在民理念基础上，承认宪政制度为协商民主的开展提供了制度框架，是保证公民个人权利的重要保证，也是协商得以在自由、平等原则下进行的重要保证。（3）承认协商主体的文化多元性和大规模协商的可能性。代议制民主也对协商民主产生了重要作用：（1）它对个人和国家关系的重新定位，认为个人合法追求自己的利益和选择自己的生活是自由的真正含义，国家和政府存在的理由是为了保障个人的这种自由。这一思想成为协商民主理论的重要思想来源。（2）为了确保这种自由而设计的一套代议制度，成为协商民主得以进行的制度前提。（3）代议制民主中普选权的真正实现，为协商民主中协商主体的包容性和平等性确立了实践基础，使克服精英主义成为可能，也使协商真正成为民主有了现实可能性。（4）代议制民主摆脱了传统民主只能与小国、同质文化的联系，为多元文化主体间、在民族国家范围内甚至跨越国界的协商提供了现实的基础和条件。

三 西方协商民主的现实基础

代议制民主的内在局限性成为协商民主理论产生的直接原因和动力。

第一，西方协商民主理论的兴起是对当代西方代议制民主缺陷的一种回应。随着代议制的发展和现代政党制度的成型，现代民主制度中代表人民主权的国会，逐渐沦为多数党控制或驯服的工具，形成了国会为政党把持，而政党又被领袖或少数精英政治家操纵的局面。因此，民主在很大程度上是虚化的，代议制民主的实践背离了人民主权的基本价值。协商民主对代议制的缺陷做出了回应，增加了公民参与的机会，公民的偏好和价值取向可通过集体协商程序而发生改变，促进了旨在增加相互了解的政治对话，因此，协商民主被看作能够体现公众直接参与、对国家公权力有政治批判功能的最适宜的民主形式。

第二，西方协商民主理论的兴起是行政领域民主化的现实需要。官僚自由裁量权日益膨胀是当今行政机构的一大问题，深受人民诟病，也使政府面临合法性危机。学术界对民主政治的研究重点，开始从对统治与被统治的阶级关系问题转向对公民与行政的治理关系问题的重视。协商民主理论的提出适应了民主政治历史发展的客观需要，强调公民在民主决策中的重要作用，使得民主政治理论的重点从对权力制衡的制度建设方面转向了重视决策的理性、科学、包容、公共利益等实质性内容方面。

第三，西方协商民主理论是应对全球化、社会复杂性、文化多元主义、大规模社会不平等对代议制民主的挑战而提出的一种民主形式。代议制民主自身的局限性使它无法解决现代社会出现的诸如全球化、社会复杂性、文化多元性以及大规模的社会不平等问题，而协商民主理论和制度的特点是公民致力于通过讨论而不是其他方式解决冲突，可以通过引入对话机制，在非制度化的公共领域，对当代社会由于全球化、复杂性、多元化和不平等造成的难以在国家制度层面做出反应的问题进行交流与合作，促进不同文化间相互理解，通过将经常受排斥的团体的声音纳入协商过程，证明多元文化国家的合法性。

四　西方协商民主理论兴起的哲学基础

西方协商民主理论的产生有着深刻的哲学背景，它是在当代西方哲学从主体哲学或意识哲学向主体间性哲学和交往哲学转向的背景下兴起的。而尤尔根·哈贝马斯（Jürgen Habermas）的主体间性理论则是协商民主产生、发展的直接的哲学基础和重要的理论基础。

（1）哈贝马斯对传统主体概念的重建为理解协商民主主体概念确立了基础。他用交往范式代替主体范式，认为主体之间的关系是在交往中确立的，不是竞争对手，而是相互依赖的伙伴。哈贝马斯对交往关系的强调确立了协商主体概念的含义以及协商民主存在的价值。因为协商是在主体间进行的，而且是主体间沟通的重要方式。

（2）哈贝马斯普遍语用学为协商主体的对话和交流奠定了语言学基础，确立了协商对话的有效性条件。哈贝马斯认为交往范式中的主体概念只能建立在语言基础上，主体之间要能达成理解，言语行为必须满足四个有效性条件：一是表达者表达的内容必须是可领会的；二是陈述的内容是真实的；三是表达者必须是真诚的；四是表述还必须是正确的。只有这样，主体间才能达成理解。哈贝马斯的普遍语用学提出了保证言语行为参与者之间彼此能够相互理解的前提和条件。这些条件完全适用于协商主体之间的协商对话，是对协商主体提出的基本要求，它要求人们在实际交谈行为中必须注意言语行为的有效性。只有这样，才能保证协商结果的有效性和质量。

（3）哈贝马斯的交往合理性理论确立了理性在协商民主中的重要地位和基本内涵。哈贝马斯认为，合理性主要不是表达的合理性，而是行为的合理性。因此，对合理性的研究必须从主体的交往行为入手。交往合理性具有几个特点：一是具有主体间性。主体间通过平等的对话来确立共同的规范，通过论证来说服别人，对话双方各自的利益和要求都可以成为讨论的主题，实现相互理解。二是具有批判性。只有在传统的基础上理性地反思和批判，主体间才能合理交往，从而实现人的交往。三是程序性。交往是一个纯粹程序性的商谈论证程序。哈贝马斯交往合理性理论是理解协商民主理论的重要理论基础。协商民主的理性、程序性、共识性都可以在这里找到理论渊源。

（4）话语伦理学为协商民主提供了普遍原则以及达成共识的理想条件。西方的现代哲学，经历了从思想内容向思想形式的转变，这种转向被称为“语言的转向”。“语言的转向”不是说从哲学研究转向语言研究或语言学研究，而是指哲学本身的研究对象，从思想内容转向了思想的表达，也就是转向了语言。

（5）哈贝马斯的第三种民主模式——协商政治模式成为西方协商民主理论的重要组成部分。哈贝马斯在 1992 年提出了协商政治的概念，试图重建一种民主政治的协商范式，在随后发表的论文《民主的三种规范模式：关于协商政治的概念》中，对自由主义和共和主义两大民主理论在国家公民观念、法权观念和政治意志构成过程方面做了比较分析，对协商民主做了较为集中的论述。这些论述成为西方协商民主理论的重要组成部分。

第二节 中国引入西方协商民主理论的政治基础

虽然我国无论在政治文化传统还是现实国情方面，都与西方有着较大的差别，但是，我国政治传统文化中有着许多有利于协商民主的精华，我国现行的政治制度也有民主协商的传统和制度安排。因此，把西方的协商民主理论引入中国，将其合理的内核与中国的具体政治制度相结合，以完善中国特色社会主义协商民主制度是切实可行的。

一　中国的民主制度内在地蕴含着协商

中国的民主制度包括党内民主制度、人民代表大会制度、多党合作和政治协商制度、民族区域自治制度、基层民主自治制度等。归结起来，就体现为人民通过选举、投票行使权利和人民内部各方面在重大决策之前进行充分协商，尽可能就共同性问题取得一致意见。因此，选举民主和协商民主是我国社会主义民主的两种形式。选举民主是多元利益主体，基于自身利益，竞争公共权力的机制；选举民主尊重公民个人权利和个人利益；选举民主实行多数原则，强调利益的聚合，反映多数人的意愿；选举民主强调公平竞争：选举民主是根据人民主权原则决定权力结构配置的机制。协商民主是立法和决策领域的治理形式，是权力行使过程的民主；协商民主以公共利益为诉求，以寻求立法和决策合法性为目标；协商民主强调公民参与、利益表达、对话协调和偏好转换；协商民主力图反映所有参与者的意愿和利益，尊重多数并保护少数；协商民主强调合作与共识。

在我国的社会主义民主发展过程中，协商民主与选举民主互为补充。选举民主是基础前提，没有选举民主，没有竞争性选举，就不会有协商民主。相对于选举民主，协商民主也具有自己独特的优势。尤其是在价值与利益逐渐分化的今天，协商民主能够在权利行使过程中，让社会群体中各种不同意见和要求，在理性对话中得到系统综合的反映，并在谈判中做出必要的妥协，达成一定的共识，从而使公共决策最大限度地实现各方利益的平衡。这种民主可以充分照顾各方利益，形成各方自愿接受的共同决定。协商民主有利于建立结构合理，配置科学，程序严密，制约有效的权力运行机制，从决策和执行等环节加强对权力的监督，提升公共决策的合法性，保证把人民赋予的权力真正用来为人民谋利益。

二　中国有着丰富的协商民主实践与形式

我国有着广泛的协商民主实践和丰富的协商民主形式。例如，立法听证、政治协商制度、民主恳谈会、社区议事会、网络论坛等。其中政治协商制度是我国实践协商民主的重要形式，人民政协的独特优势将为其实践协商民主、大力推动社会主义协商民主提供坚实的基础和保障。

第一，人民政协具有政治定位和组织优势。中国人民政治协商会议是中国人民爱国统一战线的组织，是中国共产党领导的多党合作和政治协商的重要机构，是我国政治生活中发扬社会主义民主的重要形式。人民政协在政治上具有最大限度的包容性，在组织上具有最广泛的代表性。人民政协对充分发挥各民主党派和无党派人士作用，推动党和国家决策科学化、民主化，改善中国共产党领导和加强各民主党派建设，巩固坚持和发展中国特色社会主义的共同政治基础具有重要作用。

第二，人民政协有着完善的制度建构。经过 60 多年的发展，中国人民政治协商会议建立起了以《宪法》为根本，以《中国人民政治协商会议章程》为基础，以各项规定、条例、通则、办法为核心要件的制度体系。通过完备的制度建构，体制机制建设，人民政协能够围绕团结和民主两大主题，着眼于党和国家工作，着眼于当前经济社会发展的现实，将民意的汇集、意见的表达、分歧的化解、共识的达成纳入制度渠道之中，促进民主协商的制度化、规范化、程序化。

第三，人民政协可以反映社情民意，开展协商对话，参与政治决策，加强权力监督。人民政协联系广泛，渠道畅通，可以反映和集中民情、民意、民智、民力，能够充分发挥自身优势，使各种利益要求通过体制内的渠道，经常地、畅通地反映到决策部门，从而有效地协调各种利益关系；人民政协能够积极推动社会各阶层、团体和党派的有序政治参与，充分表达各自所联系的群众的具体利益；人民政协坚持求同存异，蕴含着合作、参与、对话、妥协、包容的精神，社会各界人士可以通过协商对话，充分发表意见，并在民主平等的协商讨论中达成共识。

第四，人民政协还具有智力优势。人民政协素有“精英民主”“贤能政治”的说法，人才荟萃、智力密集，能够为推动协商民主实践提供强大的智力支持，奠定坚实的群众基础。通过把政治协商纳入决策程序，人民政协能够充分利用智力优势，遵循公开的民主程序，经过广泛的民主讨论和科学论证，使决策建立在广泛考虑所有人需求和利益基础上，赋予决策以合法性。

但是，随着时代和环境的变化，人民政协推进协商民主的作用发挥也面临着巨大的挑战。在人民政协的政治实践中，存在着“想协商就协商，没意愿就不协商”“有时间就协商，没时间就不协商”的现象，存在着“歌功颂德的多，尖锐批评的少；讲细枝末节问题的多，讲重大原则问题的少”的作风，存在着“多一事不如少一事”“平安过渡就是成绩”的思想，这些问题的存在都严重制约着人民政协推进协商民主的效果。因此，需要探索多种协商民主的实现形式。

三　引入西方协商民主的正确思路

协商民主是公共权利行使过程中的一种重要的运行机制，在我国社会利益主体日益多元化和利益冲突日益剧烈的背景下，引进西方协商民主理论是非常必要的。因为协商民主承认并接受多元社会的现实，以及不同利益主体之间存在的差异和分歧。协商过程中的讨论和对话趋向于使参与者的偏好转向公共利益。协商民主更像是公共论坛而不是竞争的市场，其中，政治讨论要求超越个人的私利而以公共利益为导向。因此，只有实行协商的民主治理形式，才能够有效地消除分歧和差异，形成共识，并促进符合广大人民利益的决策的形成。但是，我们必须清楚地认识到，西方协商民主是建立在发达的自由民主之上的，是对西方的代议民主、多数民主和远程民主的完善和超越，理论的引进和制度的移植，需要充分注意我国政治发展的特殊历史背景、文化传统、经济和社会发展水平等因素。因此，我们必须实事求是地推进协商民主。

完善和发展社会主义的协商民主，我们必须避免将协商民主单纯地理解为政治协商，否则就会忽视其他的协商民主形式；必须避免将协商民主与选举民主对立起来，要明确协商民主是建立在选举民主基础之上的；必须着重加强制度建设，实现协商民主的制度化、规范化和程序化。这样，协商民主才有可能避免成为强势利益集团操纵决策的工具，才能更好地促进公共利益，才能更全面地反映广大人民的利益和意愿，才能建设符合社会主义民主和政治文明发展方向的中国特色的协商民主。

对于我国的政治发展来说，协商民主的价值在于我们可以借鉴其中的某些价值观念、某些制度要素、某些方法来丰富和完善中国的协商民主制度。充分利用既有的制度空间，推动治理体系的创新与变革，以开放的心态、开阔的视野，积极了解、认识、学习和借鉴世界各国的先进成果和理论，并使之本土化。

第三章

互联网中孕育着协商

第一节　互联网的民主功能

不少学者认为，互联网作为一个能够普遍获得不经过过滤信息的媒介，没有权力的等级结构，是“一个喧嚣的没有信息超载和看门人的高度的民主世界”。中国也因为互联网的飞速发展给政治领域带来了深刻的改变，国家与社会关系发生了变化，互联网促进了信息的自由流动，扩展了公共领域，成功地组织了集体行动。郑永年等以国家与社会的相互影响为背景，建立了一种三个层次的分析框架来探究联网的民主功能，一是互联网作为一种资讯传播的工具，二是互联网空间作为公共领域，三是互联网作为集体行动的手段。① 有学者分析了互联网培育社会空间，重构人们之间的社会关系，赋予个人权利，使中国变得民主化。② 总之，互联网在对同政府民主变革、提升公民参与、复兴公民社会、推动直接民主等方面给民主带来了福音。

首先，互联网有利于政府的民主变革。互联网的发展为政府改革和民主变革提供了良好的技术条件，不少学者和政府提出要利用信息技术改造政府，改革长期以来科层制政府的机构臃肿、效率低下和专断行政等弊端，提高民主效率，增进公民参与，电子政府也应运而生。电子政府的发展，推进了信息公开，促进公民对政府治理的参与，强化政府与

---

① Yongnian Zheng & Guoguang Wu, “Information Technology, Public Space, and Collective Action in China”, *Comparative Political Studies*, Vol. 38, 2005, p. 532.

② Zixue Tai, *The Intenet in China: Cyberspace and Civil Society*, New York: Routledge, 2006.

公民的沟通与互动，带来了公共行政的民主变革。因为公众只有在了解和掌握政府各种信息即知情的条件下，才有可能参与对政府的治理，才能对公共事务进行讨论协商和决策。公众知情也是公众监督政府的最基础条件，公众只有在了解和掌握了政府的各种情况后，才能有效地监督政府。传统的信息公开方式成本比较高，政府利用网络发布信息的成本比较低。互联网存在着巨大的信息量，交互式传播，能够适应现代政府治理的需要和信息公开的要求，是政府信息公开的理想的新手段。互联网技术的互动特性，也架起了公民与政府之间沟通的桥梁和纽带，给公民参与政治带来了根本性的变革，在一定程度上改变了政府权力垄断的本质，增强了政府的责任感和回应性。

其次，互联网有利于扩大民主参与。美国学者盖伊·彼得斯指出：民主参与是20世纪90年代的主要政治议题之一，在这样的一个时代里，如果没有公众的积极参与，政府很难将其行动合法化，政府未来几年的挑战是如何创立一种机制，来接受更多的公众参与到决策中来。[①]网络作为一种沟通传播技术，能增加公民对政治参与的热情，增强公民对代表和政党的信任。把网络引入协商民主的最主要的目的，就是扩大普通民众政治参与的渠道，降低参与治理的成本。因为合作治理也要考虑成本，既要动员多方力量，又要尽可能做到廉价，这样才具有可操作性和普遍适用性。现代信息技术、通信技术的突破，降低了多方政治参与的成本。网络政治参与，主要指公民通过电子邮件、电子论坛等方式参与或影响政府公共政策或公共事务的行为过程。与其他的参与方式相比，网络参与具有便捷、广泛、互动、高效、便宜等特点。网络政治参与将会推动公民参与方式的转变，开拓公民参与的广阔空间。网络政治参与使公民获得了除了信件、面对面交流等传统途径外，还可以通过电子邮件、网上电子公告牌、视频会议、网上听证会、电子市政厅等网络途径参与公共管理。

最后，互联网有利于复兴直接民主。直接民主是人类生产力不够发

① ［美］盖伊·彼得斯：《政府未来的治理模式》，中国人民大学出版社2001年版，第59页。

达，交往形式和手段极其有限的条件下产生的，只在有限的地理区域内存在。而互联网技术克服了公民参与的沟通手段和地理的障碍，为较大规模的直接民主的实现提供了技术条件。因此不少学者认为，发展网络民主能修补代议制民主的缺陷，复兴直接民主理想。在网络条件下，公民直接表达的意愿具有了现实的可能性，公民不再需要代表去代替他们进行利益表达和做出决策。托夫勒认为，“在新的民主制度中，允许公民在他们自己的治理中扮演更直接的角色……即打破决策僵局，让应该决策的人来决策”，“从依赖代表转为依靠人们自己”，[①] 公民意愿被歪曲的可能性也变小了。越多的公民借助于互联网来表达自己的政治意愿，绕过那些成本较高而且“过滤性”很强的大众媒体。网络之所以存在了这么多的民主梦想，是因为现实的民意表达机制出了问题，因此公民转而寻求网络化的更为直接化的民意表达渠道。

第二节 互联网对协商民主的价值

互联网的快速崛起，对普通公民的参与态度、能力、方式等产生了深刻的影响，网络政治参与成为协商民主的重要形式，网络公共空间成为协商民主的重要场域。互联网从多个方面促进了协商民主的发展。

一 互联网拓宽了协商民主的渠道

网络媒体、网络论坛、网络社区等持续快速发展，形成了开放、互动的网络公共空间，为“公众政治参与”提供了话语平台和技术支持，大大拓宽了公民参与渠道，使公民除了通过信件、上访、面对面的交流等传统途径外，还可以通过电子邮件、网上电子公告牌、视频会议、网络听证会等网络途径积极参与公共管理，从而满足公民日益强烈的参与需求。如四川省各级政府网站开设的网络论坛、政务微博已经成为政府与公民进行直接沟通的重要桥梁，其中，“四川发布”“成都发布”“四

① ［美］阿尔温·托夫勒、海蒂·托夫勒：《创造一个新的文明——第三次浪潮的政治》，陈峰译，上海三联书店1996年版，第96、100页。

川司法厅”等一批知名微博充分发挥了信息公开、公共服务、官民沟通的作用。公众与政府之间的网络对话交流其实是一种通过网络互动协商公共事务的民主形式，其中体现了协商民主的深层含义和内容。

二 互联网提升了公民参与的效果

长期以来，由于参与渠道少、公民参与认知缺乏等因素影响，公民参与公共事务的实际效果并不理想。网络突破了传统媒体出于时空阻隔所造成的种种信息传输障碍，它能够为民众进行利益的聚合与表达、输入输出政治意愿提供更加丰富、便捷、全面的信息，网络这种促进政治整合的互动传播方式，使人们在感知与介入政府管理方面获得了更便捷的感觉，提高了人们参与政治的兴趣和能力。发展网络参与，使政府可以在网络平台上直接面向公众，实现政府与公众的在线交流和直接互动。公众从政府的积极回应中感到自己参与行为的重要性，从而以更加积极和认真的态度参与政府管理，大大改善了公民参与的效果。

三 互联网建构了民主的社会基础

在网络中，民众因为价值观、利益倾向、兴趣爱好的不同而形成了不同的群体，促进了社群的分化。同时，“网络参与”的出现改变了金字塔式的社会结构，减少了管理层级，削弱了官僚等级制，使公众与政府官员能够自由、平等沟通。由于具有互动、开放的特征，网络具有打破信息垄断的能力。网络中的各种群体，都可以最大限度地参与信息的交流、讨论和公共事务的协商。这也是协商民主中涵盖的一项思想，即“不存在特殊成员的利益拥有超越其他任何公民利益的优先权利”。这种互动、平等、虚拟特性能够进一步促进公众的言论自由、社会平等和政治公开，为民主的建设打下了良好的社会基础。

四 互联网扩大了公民的“四权”

知情权、参与权、表达权、监督权被称作公民的“四权”，随着网络的普及，网络不仅为政府信息公开提供了技术平台，也为社群参与政策制定提供了先进的手段，使全民政治逐渐成为可能。政府的各种职能如政治选举、政策制定、政绩评价、公共治理事务的方法修订、公共事务管理措施的完善等，都可以在网络上操作完成，每个公民都有可能对公共管理发挥作用。通过网络渠道，公民既可以实现决策参与，还可以实现对公权力的监督和制约，孙志刚事件、北大职称改革的网络争鸣、重庆拆迁钉子户、四川什邡钼铜事件等，都不同程度地利用网络，形成强大的舆论压力，最终加强了对权力的制约，为那些维护权利、探索民主进程的先行者提供了舆论支持，扩大了公民的参与面。网络是平等的，掌握权力不一定能获得更多的认同和支持，普通公民可以而且能够通过网络工具主张自己的政治权利，表达自己的政治理想和社会要求，因而，网络参与扩大了公民的“四权”。

第三节　在协商中嵌入互联网的可能性

在协商中嵌入互联网，可以拓展协商民主的实现形式，形成网络协商，以解决线下协商由于成本高、规模小以及时间和地域障碍等导致无法大规模应用的问题。

一　现实公共领域的衰落

公共领域是介于权力国家和社会之间、经由理性沟通所建立的公共交往空间。在其中，公民可以就一些公共问题自由表达和讨论，并有可能达致公共的判断和行动。因此可以说，协商普遍地存在于公共领域，公共领域是协商民主重要的生成与实践空间。但是，随着经济社会的发展，社会结构的转变，现实公共领域却逐渐衰退。对于现实公共领域的衰落，西方不少学者都从不同角度进行过论证。哈贝马斯就从宏观角度进行考察，他指出公共领域的衰落根源于“生活世界的殖民化”（colonization of life world），即人们的私人领域和公共领域生活被来自政治与市场的力量入侵和操控。在这种情况下，公共领域发生了蜕变——原本的理性批判与公共交往在公共领域中逐渐消失，代之以商品化、权力化控制，而公民个体也渐渐成为松散、消极的“单向度的人”。[①] 而另一位学者普特南则从微观的视角进行论证。他通过对美国公民的日常生活状态的观察，敏锐地发现：尽管平均受教育的水平不断提高，但大多数普通的美国人参与公共活动的热情却不断下降。像过去那样在咖啡馆、俱乐部、沙龙中畅谈的美国人越来越少，他们看上去更愿意留在家里孤独地看电视或打保龄球。这些研究反映出，在工业化进程中现实公共领域不断衰落的事实。公共领域的衰落制约着协商民主的施行，公民不再热衷参与公共议题的协商。在这种情况下，实现广泛而常态化的协商民主理想似乎变得越来越困难。[②]

二 虚拟公共领域的兴起

但是，随着网络的升级和普及，在虚拟空间重新建构公共领域成为可能。一方面，网络具有将人从现实社会等级权力关系以及庸俗金钱关系束缚中解放出来的潜力。在贝希斯坦看来，互联网因而似乎更符合哈贝马斯的民主公共领域规范理论的基本要求：具有普遍性、反阶层化、自由互动性等。[③] 哈贝马斯认为，公共领域“是我们社会生活的一个领域，它原则上向所有人开放。在这个领域中作为私人的人们来到一起，他们在理性辩论的基础上就普遍利益问题达成共识，从而对国家活动进行民主的控制”[④]。在这里，公民通过公开的讨论与批判，形成对公共权力的舆论监督和批判空间，从而使国家活动必须回应公众的要求，增强其民主性。最早的公共领域起源于古希腊时期的广场集会。在17—18世纪的英格兰和法国，又出现了资产阶级的公共领域，并于19世纪传遍了欧洲和美国。这些公共领域的主要场所是各种沙龙、咖啡屋和剧

① ［德］哈贝马斯：《公共领域的结构转型》，曹卫东等译，学林出版社1999年版，第170—187页。

② 唐庆鹏：《网络协商民主的成长轨迹及障碍研究》，《当代世界与社会主义》2015年第5期。

③ H. Buchstein, “Bytes that Bite: The Internet andDeliberative Democracy”, in *Connstellations*, Vol. 4, No. 2, 1997, pp. 248 - 263.

④ ［德］哈贝马斯：《公共领域》，载汪晖、陈燕谷主编《文化与公共性》，上海三联书店1998年版，第125页。

场等。但人类进入工业革命后，社会出现了转型，传统的以广场集会、咖啡馆沙龙形式存在的公共空间出现了衰落。不过，随着大众传媒的兴起，报纸、杂志、广播、电视等媒体承担起了公共领域载体的功能，成为人们展开讨论、辩论的平台和空间。[①] 但好景不长，20 世纪自由媒体商业化的发展，使大众传媒成为创造明星和商业利润的工具，批判和理性论辩消失，权力再度落入财团和政治霸权手中。[②] 大众媒体失去了批判精神，受到大垄断利益集团或者政府的控制，成为迎合低级趣味和追求私利的媒介组织。大众传媒作为公共领域的空间曾经为公共领域的勃兴起了很大作用，但是现代又成了公共领域不断受到侵蚀的力量。“这不仅是因为媒体工业已经变得更加商业化，而且因为它们所创造的交流情景的类型远离哈贝马斯心目中那种发生在俱乐部或咖啡屋中的面对面的、以口语为媒介的对话性交流。”[③] 20 世纪互联网新兴媒体的出现，以其开放、平等、互动等特征，实现了人们的自由表达，成为公民谈论政治议题的重要平台，因此，有学者认为网络看来是最理想的交流空间，与哈贝马斯笔下的公共空间的特征极为相似。

另一方面，互联网可以培育群体性的联系点，如网络社区、线上聊天室、朋友圈等。网络将个人的注意力从其他社会系统中吸引过来，增进彼此的联系，使构建一个公共领域成为可能。因此，不少学者认为，当下网络让人们能够跨越时空障碍和社会限制，聚集在虚拟空间中畅所欲言，大有重现 18 世纪欧洲资产阶级公共领域的光景之趋势。在美国，有越来越多的以推动政治讨论为目标的组织开始涌现，例如“网络实验室”（Web Lab）、“电子一族”（E – the People）、“信息复兴社”（Information Renaissance）等。而且，通过网络建构的虚拟公共领域在现实政治活动中的影响力和作用也越来越大。调查显示，大量的在线论坛在奥巴马、特朗普等几届美国总统选举中都产生了明显的影响，Blogger、

---

① Habermas & Jurgen, “The Public Sphere,, in Robert E. Goodin and Philip pettit (eds.), *Contemporary Political Philosophy*: *An Anthology*, Oxford: Blackwell Publishers, 1997, p. 105.

② ［德］哈贝马斯：《公共领域的结构转型》，曹卫东等译，学林出版社 1999 年版，第 187—205 页。

③ 陶东风：《大众传播与新公共性的建构》，《文艺争鸣》1999 年第 2 期，第 33 页。

Facebook、YouTube 等新媒介成功地控制着数百万计的公民和候选人的注意力。由此可见，网络复兴了衰落中的公共领域，让公共领域重新成为人们社会生活的重要组成部分。在互联网时代，如何推动协商民主与互联网的结合，扩大协商民主的领域，丰富协商民主的形式将具有重大的政治意义。中国的网络发展十分迅速，政府对网络的建设、使用也高度重视，中国基层协商民主实践经验丰富，这为在互联网平台上推进协商民主体制机制建设提供了可能。

三 网络协商的成功实践

在现实中，较早将互联网技术应用于协商民主实践的是一种大规模的协商民主形式——21 世纪城镇会议。21 世纪城镇会议是由美国非营利组织美国之声（America - Speaks）于 1997 年策划并组织的一种协商民主实践。目前，它们已将这一方法广泛应用于全美 50 个州以及其他国家。该方法将计算机互联网技术与小组面对面协商相结合，推动数千人就复杂公共政策问题展开协商。

此外，美国学者詹姆斯·费什金（James Fishkin）对网络协商也进行过几次实践。比如在 2003 年，他带领的实验小组同时对美国的外交政策进行了网上和网下的协商民主实践，通过两种方式的实验结果对照，他们发现，面对面和网络协商中的观点基本上都是朝着同一个方向转变，但面对面协商项目中观点在同一个方向上的改变更大。原因可能是面对面协商的时间、地点更为集中，协商参与者被带到同一个地方从早到晚与其他参与者进行互动。而网络上的协商的时间更为分散，每周两次、每次一小时，地点也是在各自的家中通过电脑屏幕进行分散式协商。[①] 尽管存在一定差异，费什金认为，通过科学抽样产生的抽样代表协商可以应用于网络空间。

互联网对协商民主实践的吸引力主要源自技术优势。作为工具的存

---

① 参见［美］Robert C. Luskin、James Fishkin、Shanto Iyengar：《对美国外交政策的审慎意见：来自网络和面对面协商民意咨询的意见》，2006 年 10 月 18 日（http：//cdd. stanford. edu/research/paper/2006/foreignpolicy. pdf - ）。

在，互联网是一种虚拟现实的技术、一种信息传递迅捷的技术、一种数据处理海量的技术以及一种多样交互的技术。这些技术特征使网络在推动协商的实际运作方面，蕴含了巨大的潜能。早期的民主实践者在协商中嵌入互联网技术，大体上旨在实现四个方面的协商民主目标：（1）大规模协商。协商并不是自发而生的，高品质协商离不开科学高效的组织管理。而且规模越大，组织管理工作的难度就越高。再加上传统技术条件的限制，既有的协商民主实践，大都呈现为小规模的实验状态。随着网络技术的发展，互联网的特征使得大规模协商变得更易管理。借助互联网迅捷的信息传递和海量数据处理能力，协商民主能够有效克服物理距离导致的困难，从而包容更多的参与者，为协商民主从“零星实验”走向“大规模实践”提供可能。（2）廉价协商。通过采用计算机网络技术，有利于大幅降低协商民主运转的成本（如信息传递成本和参与时间成本等）。此外，一些实证研究显示，网络技术的成本优势随着协商规模的增大而表现得更为明显。（3）即时协商。网络技术的应用，使协商变得更加自由、灵活，任何有兴趣的公民在任何时间、任何地点都可以加入到对话中来。（4）理想协商。如前所述，网络技术在现实协商中的运用，有助于推动更广泛的参与、创造更丰富的协商机会以及提供更充分的信息。在协商民主人士看来，这些都是实现理想的协商的基本条件。①

四　网络协商的政治价值

1. 推动政府治理的公开化、透明化

公开透明是现代政府治理的内在要求，传统治理方式的显著特征是集权化和公开性与透明度的欠缺，政府的许多活动都处于不公开状态，从政府的机构设置、人员安排、职责权限，到权力的运行规则和方式，乃至工作程序都很难被民众获知。与公民切身利益相关的各种政策和决定也往往是在公众没有任何参与的情况下出台和实施的。公共政策制定

---

① 唐庆鹏：《网络协商民主的成长轨迹及障碍研究》，《当代世界与社会主义》2015 年第 5 期。

的权力高度集中在政府和官员手中，政府信息不公开、运作不透明，“暗箱操作”比较普遍，民众被排斥在政府制公共治理之外。

进入信息化时代，公民对于知情权的热情高涨，希望参与到公共政策的决策程序中来，因此，信息封闭以及暗箱操作等传统的治理方式必须转变，否则会加剧政府与公民之间的紧张关系，引发深刻的信任和治理危机。互联网为普通民众提供了便捷、自由、平等的参政议政渠道，民众对信息公开和知情权的要求也越来越高，不再满足于一般的政务公开，而是要求政府对他们最关心的事情及时公开，不公开不透明的社会事件的处理，都会招致强大的网络舆论批评，这些批评往往尖锐而深刻。信息不公开不透明，还可能诱发严重的社会事件，迫使各级政府都必须认真思考和应对。此外，互联网快速广泛的传播，使得政府难以对信息进行垄断和控制，政府如果不主动公开信息，互联网就会成为政府小道消息的来源和扩散地，大量充斥着虚假信息，对政府的公信力和治理都构成严重挑战。在这样的背景下，公开化、透明化成为政府治理的基本要求，让一切权力在阳光下运作，让一切除政府和国家机密以外的政府信息公开，让民众了解政府的运作，参与政府决策，参与地方事务的治理。这样，政府与公民的信息互动得以建立，透明化政府、公开化政府得以建立，政府的责任意识、服务意识也得到强化，有力地推动了政府治理从封闭走向开放。

2. 促进公共决策的科学化、民主化

政治决策只有在获得广泛的信息、充分关注和了解政策对象的真实感受的基础上，才能够做出比较恰当和完善的决策。而政治决策也只有在获得了广大政策对象的认同和支持，即获得了合法性的基础上才能有效地加以实施。

首先，经由网络协商的决策，能够包容所有受决策影响的利益相关者，他们能够平等地参与政治讨论，没有人具有超越任何他人的优先性。在一个利益、文化、族群、信仰存在多样性的社会中，存在冲突与分歧是普遍的。而这种冲突和分析，在协商理论家看来，则是实现公平正义和产生美德的最肥沃的土壤。正是因为它们的存在，共同的善、正义、公共利益等诉求才会被要求应该对所有人施以同等的考虑。因此，如果存在公共协商，正义就要求每个人能够平等地参与。而互联网正好为每个普通人提供了这样一种方便的参与渠道。

其次，网络公共协商能够改善决策的结果。詹姆斯·博曼（James Bohman）等学者认为，“我们应该将公共协商看作是具有工具价值的。它是作出高质量决策的工具，如果公共协商不是服务于这个目标，那它就没有价值”①。如果在一个没有恐惧、没有威胁、没有强制或愚弄的政治环境中施行公共协商，且各种广泛的观点都能够在网络公共论坛中得到表达和倾听，那么公共协商对决策结果的正义与道德的影响，应该是民主讨论过程的结果。讨论和协商有助于更好地理解社会成员的利益，以及社会的共同特性如何与这些利益相关联。通过这种方式，决策者能够获得真实和普遍的信息，通常会做出更好的决策。而且其所有成员都参与讨论和争论过程的社会，至少能够发现那些未经民主讨论过程的政策。因此有理由认为，提倡网络公共协商的社会能够做出更好的决策。

最后，网络协商民主能够通过讨论，审议等过程，赋予立法和决策以合法性。“协商过程的政治合法性不仅仅出于多数的意愿，而且还基于集体的理性反思结果，这种反思是通过在政治上平等参与，尊重所有公民道德和实践关怀的政策确定活动而完成的。”② 产生合法性结果的过程被称为是理想的协商程序。这种程序是公民在特定的自由和平等条件就共同体的公正条件进行彼此协商的程序。对于协商参与者而言，决策是在公民及其代表的公共讨论和争论过程中形成的，经由这种过程的决策结果在政治上是正当的。

因此，在互联网时代的公共政策制定过程中，网络协商民主的引入有助于维护决策的公共性、合法性、科学性和民主性，可以为决策机制提供新的思路，规避决策过程中的“隐蔽”“垄断”和“不决策”等问题，从而不断提升公共政策品质并促使其得到顺利贯彻。协商参与主体

① ［美］詹姆斯·博曼、威廉·雷吉主编：《协商民主：论理性与政治》，中央编译出版社2006年版，第194页。

② Jorge M. Valadez, *Deliberative Democarcy*, *Political Legitimacy*, *and Self - Determination in Multicultural Societies*, USA Westview Press, 2001, p. 32.

可以在网上、网下按照平等、自由和真诚的原则讨论问题，在广泛参与的基础上寻求共识，使得决策最大程度趋近各方面的利益，从而能够被各方认可和接受。

3. 培养公民精神和社会美德

良好的公民精神是健康民主政治的基础。网络协商则是培养公民意识和精神的有效机制和途径。首先，协商民主能够培养出维护健康民主所必需的公民美德，如政治共同体成员之间的相互理解、相互尊重，尊重他人的需求和道德利益，妥协和节制个人需求的。其次，协商民主能够形成集体责任感，协商民主能够使人们看到，政治共同体的每个人都是更大社会的一部分，承担责任有利于促进共同体的繁荣。再次，随着文化多元化的发展，协商民主能够促进不同文化间的沟通与理解，通过公开的对话交流和协商，这种文化团体之间就能维持一种深层的相互理解，从而成为建立参与持续性合作行为所需要的社会信任的基础。最后，协商过程和程序能够包容存在差异的民族、文化团体，平等公正地对待社会的差异性，增强多元文化国家的政治合法性。

协商对美德的形成和影响的认识是普遍的、常识性的。在公共协商成为规范的社会里，具备那些能够促进公共协商的性格，对于个人或至少对于团体而言是非常有用的。公共协商需要一系列道德上的重要品质，独立性，自主与尊重他人。这些重要品质将会在一个鼓励所有公民进行协商的社会中得到更大改善。有了这些品质，人们可以相互了解、交换意见、提高道德水平，增强对公共问题和利益的关注，培养共同体意识和集体观念。在协商过程中，人们通过转变偏好，使得不同利益诉求和观念的人们之间产生理解和尊重。

4. 提供利益表达渠道和机制

在现有的政治体制中，公民的参与机制存在许多不完善的地方。宪法和法律对公民参与的具体制度、程序、方式及渠道缺乏具体的可操作性的规定。因此，在政治实践中，公共决策主要掌握在少数精英人士手中，普通公民、弱势群体被剥夺了参加决策的权利，无法表达自己的利益诉求和需要。而投票制度实际上只是简单地聚合了公民的利益倾向和偏好，无法保证能够满足公共利益。随着中国改革的日益推进，利益格局深刻调整、思想观念深刻变化，各种利益群体的碰撞加大，矛盾增多，公民合理合法的要求在增加，这就要求政治制度能够提供足够的容纳能力和化解渠道。协商民主强调公民的利益表达，促进公民的广泛政治参与，倡导公开的讨论和对话。协商民主要求公民参与政治协商必须超越个人私利而诉诸公共利益。诉诸公共利益就能够听取弱者的声音，保证那些最弱势的群体利益最大化，可以使公民充分阐述自己的观点和利益，同时愿意倾听并考虑相反的观点。而互联网的开放、便捷、高效、普及率高等优势，无疑为普通公民甚至弱势群体参与政治、表达利益提供了更加多样的渠道，丰富了协商民主的参与形式。发展网络参与，使政府可以在网络平台上直接面对公民，实现政府和公民的在线交流和直接沟通。公民可以从政府的回应中感受到参与的成就感，从而以更积极和理性的态度参与政府公共管理。通过在互联网上就公共政策展开公开的辩论，使观点不断被检验和反驳，并不断修正自己已有观点的不足，最终形成共识，促进决策的民主化、科学性。

5. 维护社会稳定和谐

中国社会转型期和改革加速期带来的社会利益的多元化和社会矛盾的增多，在一定程度上会影响社会的稳定和秩序。同时，网络社会的到来，使整个社会面临多元文化的冲击。多元文化的最大危险就是公民的分裂与对立。协商民主是有效的应对形式，因为协商民主是一种改良的、温和的方式，可以避免被动式政治参与的弊端，如激烈的对抗、游行、越级上访等。它通过一种柔性的方式改善干群关系、实现社会共同治理。首先，协商民主作为一种政治参与、表达利益诉求的重要形式，使社会不同阶层的利益和意愿有了表达的途径，在争论中达成的共识可以化解人们之间的误会和冲突。其次，网上网下两种协商方式，还为公民表达愿望、宣泄情绪提供了渠道，成为稳定社会的安全阀。最后，地方党委和政府可以通过政治协商了解社会情绪和重大的社会动向，体察社会问题的性质、范围和程度，采取适时、有效的措施使矛盾和问题得到及时化解和处理。

6. 发挥理性的作用

公共协商就是交换理性的对话过程，目的是解决那些只有通过人际间协作与合作才能解决的问题情形。[①] 公共协商是协商民主的核心概念，从公共协商的界定中我们就可以看出理性的作用。而艾利斯·马瑞恩·杨（Iris M. Young）也指出，“协商民主的一个主要优点在于，他致力于使理性在政治中凌驾于权利之上。政策之所以应该被采纳，不应该是因为最有影响力的利益取得了胜利，而应该是因为公民或其代表在倾听和审视相关的理由之后，共同认可该政策的正当性。虽然传统的共和主义存在某种精英主义的倾向，但当代的协商论者认为，较之以利益为基础的民主，协商民主潜在地具有更大的包容性和平等性”[②]。因此，基于利益的民主体制，并不阻止金钱和人数对决策的影响，协商理论强调的是，所有的公民在表达要求方面拥有平等的发言权，无论他们的社会地位和权力如何。理性而非情绪化的诉求，在表达、倾听和讨论的过程中发挥着重要的作用。

协商民主的有利之处，是与其约束性集体选择概念紧密相连。通过要求提供其他人可以接受的理由，协商观点提供了一幅尤其具有吸引力的关于民主秩序中人们之间可能关系的蓝图。[③] 即使由公众做出的决策并不总是像其最为知情的成员做出的决策那样可靠，但是，公共协商能够培育理性的、自主的公民。公共协商更有可能在认识上提高政治决策正当性的质量。当协商在开放的网络论坛上进行的时候，理性的质量就可能提高。在这些论坛中，公共舆论更有可能基于所有视角、利益和信息而形成，更不可能将合法利益，相关知识或适当的反对意见排斥在外。政治正当性中理性质量的提高最终会影响到决策结果：理性会更具有公共性，因为它们反映了所有受到影响的协商者更为广泛的要求。

---

① ［美］詹姆斯·博曼：《公共协商：多元主义、复杂性与民主》，中央编译出版社 2006 年版，第 25 页。

② Iris M. Young, “Communication and the Other: Beyond Deliberative Democracy”, in S. Benhabib ed., *Democracy and Difference: Contesting the Boundaries of the Political*, Princeton University P Rress, 1996, pp. 120 – 135.

③ ［美］詹姆斯·博曼、威廉·雷吉主编：《协商民主：论理性与政治》，中央编译出版社 2006 年版，第 310—311 页。

第四节　网络协商的发展路径

一　加强网络协商制度建设

网络协商虽然因其独特的优势而有利于国家的民主建设，但从当前网络协商的现实状况来看，理论和实践都处于探索阶段。网络协商依然存在有违民主原则和价值的内在可能性，并导致网络暴力等各种不利于民主发展的状态。因此，需要从法律制度的角度，对网络协商民主进行规范，针对如何认定网络协商主体、如何选择协商议题、如何规范协商程序、如何建设协商平台、如何避免协商中的非理性情绪等问题，还没有比较成熟的制度体系。从中国各地实际开展的网络协商活动来看，发展也极不均衡：经济发展快的地方先于经济发展慢的地方，城市先于农村。即便运作比较好的城市，政府或其部门主办的网络协商大多也只是了解民意和向网民提供一些必要利益诉求的平台，并没有明确规定政府或其部门必须做些什么，这就难以保障那些试图通过网络进行意愿表达的网民能够实现其正当权利。

随着网民数量的增长和政治参与意识的增强，网络协商对现实政治的影响也必将更加广泛而深远，所以，有必要积极地制度化规范网络政治参与的行为。可以考虑在我国现行的政治制度体系框架下，结合实际情况，从整体战略上建立健全有关网络协商的制度体系，以内在制度为基础，加强外在制度体系的建设，用制度体系保障网络协商的常态化健康发展。因为法律制度可以为网络协商民主创造一个可操作的、稳定的运行和发展空间，把网络协商民主容易偏向激情的特性引导到理性的轨道上，为协商民主的健康发展保驾护航。没有法律规则和规范的网络民主，同样可能带来权力的无限膨胀，出现官员腐败、政府无力、社会失范、人权恶化等现象。因此需要建立一套综合的法律体系，除了对公民的协商参与合法性做出规定的宪法，还必须出台对网络协商主体、内容、程序等做出规定的一般性法律，以及对特定时期特定地区的网络协商做出规定的具体法规等。同时，还必须建立起专门的机构，配备专门的服务人员，以保证公民在权利得不到满足的情况下可以运用法律或求助于专门的机构、负责人来维护自身的权利。

二 加强网络协商的基础设施建设

让信息化惠及全体民众，把享受信息权利作为民众的一项基本权利，不仅是信息化自身特点发展的要求，也是国家经济社会长远发展的战略要求。因此，政府要根据统筹规划、集中管理、联合建设的原则，加快信息基础设施条件建设，推动信息产业的发展。一是要加强农村、偏远地区以及贫困地区，包括互联网在内的信息化基础设施建设，缩小地区和城乡的互联网数字鸿沟。大力推动农村的网络接入，在农村普及互联网，使网络平民化。设立普遍服务基金，把信息网络的基础设施建设作为公共设施来对待，不断提高中西部地区，贫困地区的信息公共服务水平，采取有效措施，促进提高网络通信技术的使用效率。为农民享受更加先进的信息通信服务提供良好的网络支持。二是要加强数据库建设，有效地为农村偏远地区以及贫困地区的民众，提供各种生产、生活和文化等多方面信息服务。三是大力普及信息知识和信息化意识，加强信息技术、信息开发、信息利用的培训工作，提高信息贫困者的信息素质，确保信息贫困者能够收集利用各种信息，参与公共政策讨论。

三 加强公民网络协商的素质和能力建设

首先是提升公民的网络素养。公民是网络协商的参与者、实践者，公民的网络素养和能力对于协商民主的推进和维持至关重要。网络素养的内涵是多方面的，它包括计算机网络的基本认识和对网络的应用能力，获取正确的和适用的信息的能力，信息价值的认知能力、判断能力和筛选能力，对各种信息的解读能力，网络交往以及对网络道德伦理观念的认知能力等。

其次提高网民的政治素养。一是培育网络公民权利意识，公民利用网络进行参政议政也享有权利，这些权利应该受到国家和其他网民或者虚拟社群的尊重，网民的这些权利包括网络知情权、网络议政权、网络表达权、网络参政权、网络监督权等。当这些权利受到损害时，政府网站，其他网民以及相应的管理部门有责任做出回应。二是培育公民政治理性，增强公民有序的网络表达和参与。“政治理性意味着人们在处理政治、社会事务时，有能力运用逻辑推理来认识事物和指导自己的行为，人类可以依靠自己的理智来认识政治共同体，并通过理性指导下的行动来影响政治生活的运行与发展，即使人类有能力影响和掌握政治生活、社会生活。”① 公民在进行网络空间的表达和参与协商时，应该坚守政策理性，依靠自己的逻辑判断来辨析其他观点，来指导自己的网络参政行为，不盲从、不冲动，不为他人的情绪所感染，不随大流，不为多数人的情绪化言论所左右。三是提升公民的网络法制意识。公民在进行网络协商的过程中，也要遵守相关的法律法规，不能下达虚假信息，或者侵犯他人的隐私，诽谤他人，攻击他人。要让公民认识到，互联网不是自由的天堂，也有法律法规的约束，让其认识到网络空间的政治参与和现实政治参与一样，必须在国家的互联网法律法规的范围之内进行。网民的政治参与或者言论，如果侵犯了国家利益或他人的权益，或超越法律限制之外的自由，都是应当承担一定的法律责任的。四是进一步培育公民的网络公共精神，提高公民的网络政治责任感。公共精神是公民精神和意识的重要方面，公民精神就是“公民对公共所持有的一种信念和承诺。公民精神就意味着公民对公共的热心、关爱与尊重，意味着对公共的责任与义务，意味着公民成功的公共品德与素养”②。网民应该具有为公共利益而自觉投入、积极参与并承担责任的精神和意志，要有基本的公共精神、社会责任感和道德感，拒绝网络上的欺骗、辱骂、攻击、非理性以及违法行为等。只有网民为公共事业、公共利益、公共政策，在网络空间积极参与，为弱势群体，为社会的不公平，不公正而积极地呐喊、呼吁、反思、谏言，积极地参政议政，而不是为个人的纯粹私利或者感情发泄，网络协商民主才能推动现实的民主。

四　加强网络协商的政治与文化生态建设

一个宽松的政治生态和健康有序的网络文化生态，是协商民主的外

① 彭勃、邵春霞：《政治理性与政治神话》，《理论学习月刊》1996 年第 2 期，第 36 页。

② 党秀云：《公民精神与公共行政》，《中国行政管理》2005 年第 8 期，第 105 页。

部软环境。没有良好的政治生态，网络协商民主可能走向新的网络专制；没有良好的文化生态，网络协商民主可能走向庸俗和无序。

政治生态是网络协商民主的主体进行政治活动的空间和场所，是影响主体进行政治活动的各种要素的总和，它在开放动态的平衡中与外界保持正常的能量交换和信息供给，并连续不断地完成吸纳反馈功能，从而实现整个系统的良性循环。公民在网络中的意见表达要畅通无阻，要尽可能避免干扰和破坏，公民的意见输入与政府的吸纳反馈能形成有序循环，公民要有宽松的环境使网络参与权利影响到现实政治权力结构和政治体系，否则就会出现系统循环阻塞乃至中断，影响网络协商民主的有序运行。

网络协商这种新的治理方式，势必会让传统静态的、自上而下的治理模式受到冲击，面对这种压力，是延续传统的执政态度还是转变思维？是简单的“封堵删”式打压还是在开放宽容的环境中进行引导与重建，不断畅通网络协商的渠道？这决定了网络协商民主发展的空间和未来走向，决定了网络协商民主是否具备优良的政治生态。政府官员对于网络的态度，对于政治生态的优化具有至关重要的作用，要优化网络协商的政治生态，党委及政府官员必须转变对待互联网的态度。政府官员必须具备对现代信息技术发展趋势的深刻自觉，要对互联网的特性、发展趋势有基本的认识和了解。要能深刻认识到信息技术对人们思想文化观念、政治、经济、文化和社会结构的变化所起到的巨大作用，自觉顺应互联网发展的大趋势和大潮流，自觉接触和使用互联网技术，提升自己的信息能力和网络素养，把以互联网为代表的现代高新技术应用于社会治理之中。

总之，网络协商民主的建设是一个长期的系统工程，政府要加强制度建设和创新，保障公民参与协商的权利；加强网络协商的相关技术的教育普及，降低公民网络协商的经济和技术门槛，提高网络政治协商的成本收益率，激发公民网络政治参与的热情；同时，提高公民网络协商的素质和能力，引导和健全网络民意表达；转变执政思维，提高治理能力，优化政治和文化生态，营造网络协商民主发展的健康环境。

附　　录

分职业调查问卷

四川地区网络舆情调查问卷 I

问卷类型：党政军机关、国有企事业单位

受访者性别：____________　　受访者学历：____________

调查地点：________________　　受访者年龄：________________

Q1. 下列不同传播渠道中，平时您获取信息按多少顺序排在前五位的是____________

A. 报纸　B. 杂志　C. 广播　D. 电视

E. 网络　F. 手机　G. 生活圈子（包括家人、同事、同学等）

H. 书籍　I. 其他（请写明）

排序结果：1 _____　2 _____　3 _____　4 _____　5 _____

请您对上述各种传播渠道提供信息的可信赖程度打分（请在表格中的分值上画√）

A. 报纸	1	2	3	4	5	6	7	8	9	10
B. 杂志	1	2	3	4	5	6	7	8	9	10
C. 广播	1	2	3	4	5	6	7	8	9	10
D. 电视	1	2	3	4	5	6	7	8	9	10
E. 网络	1	2	3	4	5	6	7	8	9	10
F. 手机	1	2	3	4	5	6	7	8	9	10
G. 生活圈子	1	2	3	4	5	6	7	8	9	10
H. 书籍	1	2	3	4	5	6	7	8	9	10
I. 其他	1	2	3	4	5	6	7	8	9	10

Q2. 在平时的生活中，您在接触网络媒体时，最为关注的是其中的哪类信息？（请按关注程度由高到低排序）

A. 事实描述类信息　B. 观点评论类信息　C. 生活服务类信息

D. 娱乐休闲类信息　E. 情感艺术类信息

F. 其他信息（请写明）________________

排序结果：1 _____ 2 _____ 3 _____ 4 _____ 5 _____ 6 _____

Q3. 当您从网络上了解到某种观点的时候，决定是否接受它最主要是看它________________

A. 是否真实、准确□　B. 是否出自国家权威部门□

C. 是否具有实用性□　D. 是否符合自己的理解□

E. 其他（请写明）________________

Q4. 上网时，您主要通过哪种渠道浏览社会新闻：

A. 政府官方网站（如新华网、人民网）□

B. 商业门户网站（如新浪、搜狐）□

C. 手机微博□

D. 各类论坛（如天涯、猫扑）□

E. 各类软件（如QQ、迅雷）链接的消息区□

F. 其他网站（凤凰卫视等）□

Q5. 您经常关注网络舆论事件吗？（如重庆钉子户事件，南京天价烟事件等）

A. 没听说过□　B. 不想关注□

C. 关注过□　D. 关注并参与发表意见□

Q6. 上网时，您发表观点的情况是：

A. 从不发表□　B. 对正面宣传报道进行评论□

C. 对负面消息爆料进行评论□　D. 热点话题必留言□

E. 其他（请写明）________________

Q7. 当网络上出现来源不明的负面消息时，您认为媒体应当采取的行为是（　　）

A. 不跟风，等待相关部门回应□

B. 立即参与，获取事实，但只向相关部门内部通报□

C. 立即参与，获取事实，进行跟踪报道□

D. 根据网络关注程度决定是否进行报道□

Q8. 对于非官方来源（如个人微博、行业论坛）的负面消息，哪种情况下您会相信：

A. 凭自身经验感觉□

B. 图片清楚□

C. 回应人数很多□

D. 发布者之前有过类似消息且已得到证实□

Q9. 对于网络谣言，您认为应当采取的措施是：

A. 严惩造谣者，采取刑事手段从重处理□

B. 保持现有力度，既不加重，也不减轻□

C. 严厉追究相关媒体的责任□

D. 媒体应当集体行动，澄清事实□

Q10. 基于以下原因发起、参与网络热议的人，您认为哪一类人最多，哪一类最少，请由多到少进行排序。

A. 享用言论自由的权利　　B. 发泄个人不满

C. 人多凑热闹　　D. 出于维护社会正义的道德感

E. 为了达到某种政治目的　　F. 职业写手，赚取稿费

排序结果：1 _____　2 _____　3 _____　4 _____　5 _____　6 _____

Q11. 在当前社会中，您认为表达国家意见或看法最为恰当的方式是：

A. 新闻媒体发表自己看法□

B. 专家学者通过各种方式发表自己见解□

C. 党和政府通过新闻媒体或发言人表达看法□

D. 党和政府通过决议，下发文件传达□

E. 在各种网站论坛上互相争论，得到最后结论□

Q12. 当在一件事情上国家的观点与社会其他观点不完全一致时，您的看法是________

A. 社会观点应服从于国家的观点□

B. 国家的观点应服从于社会观点□

您这样选择的原因是________

A. 社会观点更接近实际，更加符合需要□

B. 社会观点有合理部分，但片面性较大□

C. 国家观点在结合各种观点基础上形成，更全面深入，更有权威性□

D. 国家观点与社会实际脱节，不能解决实际问题□

Q13. 您认为网络舆论对国家机关产生怎样的影响?

A. 没有影响□

B. 影响不大□

C. 加强对政府的监督，使其做出明智决策□

D. 将促使重要政策出台□

Q14. 近年来，中央提出了要加强网络舆论引导工作，您对此的态度是________

A. 十分赞同□ B. 赞同□ C. 一般□ D. 反对□

E. 强烈反对□

Q15. 您认为媒体在网络舆论中起什么作用?

A. 报道客观事实□ B. 引导舆论□

C. 故意炒作，吸引受众目光□

Q16. 对于网络媒体与国家的关系，您认为:

A. 党管媒体不能改变，媒体是党、政府和人民的喉舌□

B. 媒体应有自己的独立性，自己决定如何开展报道□

C. 在性质不变前提下，需要改革媒体管理体制□

D. 媒体应是监督国家和政府的独立“第四权”□

Q17. 下列舆论调控建设选项中，您认为目前存在的问题有：

A. 媒体过度市场化、价值取向发生偏差□

B. 监管乏力，多头管理现象突出，缺少有效法治手段□

C. 舆情搜集与分析体系落后□

D. 危机管理体系落后，缺少新闻发言人□

E. 媒体从业人员素质亟待提高□

F. 政府对新媒体重视程度不够，官方新媒体发展滞后□

Q18. 您认为未来媒体发展的趋势是：

A. 新媒体将占据绝对优势，传统媒体逐渐被淘汰□

B. 新媒体占据主要优势，传统媒体在特定范围内保持优势□

C. 目前影响力最大的新媒体（如腾讯、新浪）将成为未来的舆论主导□

D. 新技术将很快出现取代现有模式□

四川地区网络舆情调查问卷Ⅱ

问卷类型：AQ（私企管理者、白领、自由职业者）

受访者性别：____________　　受访者学历：____________

调查地点：________________　　受访者年龄：________________

Q1. 下列不同传播渠道中，平时您获取信息按多少顺序排在前五位的是________________

A. 报纸　　B. 杂志　　C. 广播　　D. 电视

E. 网络　　F. 手机　　G. 生活圈子（包括家人、同事、同学等）

H. 书籍　　I. 其他（请写明）

排序结果：1 _____　2 _____　3 _____　4 _____　5 _____

请您对上述各种传播渠道提供信息的可信赖程度打分（请在表格中的分值上画√）

A. 报纸	1	2	3	4	5	6	7	8	9	10
B. 杂志	1	2	3	4	5	6	7	8	9	10
C. 广播	1	2	3	4	5	6	7	8	9	10
D. 电视	1	2	3	4	5	6	7	8	9	10
E. 网络	1	2	3	4	5	6	7	8	9	10
F. 手机	1	2	3	4	5	6	7	8	9	10
G. 生活圈子	1	2	3	4	5	6	7	8	9	10
H. 书籍	1	2	3	4	5	6	7	8	9	10
I. 其他	1	2	3	4	5	6	7	8	9	10

Q2. 在平时的生活中，您在网络媒体时，最为关注的是其中的哪类信息？（请按关注程度由高到低排序）

A. 事实描述类信息　B. 观点评论类信息　C. 生活服务类信息

D. 娱乐休闲类信息　E. 情感艺术类信息

F. 其他信息（请写明）________________

排序结果：1 _____　2 _____　3 _____　4 _____　5 _____　6 _____

Q3. 当您从网络媒体上了解到某种观点的时候，决定是否接受它最主要是看它________________

A. 是否真实、准确□　B. 是否出自国家权威部门□

C. 是否具有实用性□　D. 是否符合自己的理解□

E. 其他（请写明）________________

Q4. 上网时，您主要通过哪种渠道浏览社会新闻：

A. 政府官方网站（如新华网、人民网）□

B. 商业门户网站（如新浪、搜狐）□

C. 手机微博□

D. 各类论坛（如天涯、猫扑）□

E. 各类软件（如 QQ、迅雷）链接的消息区□

F. 其他网站（凤凰卫视等）□

Q5. 您经常关注网络舆论事件吗？（如重庆钉子户事件，南京天价

烟事件等）

A. 没听说过□　　B. 不想关注□

C. 关注过□　　D. 关注并参与发表意见□

Q6. 上网时，您发表观点的情况是：

A. 从不发表□　　B. 对正面宣传报道进行评论□

C. 对负面消息爆料进行评论□　　D. 热点话题必留言□

E. 其他（请写明）________________

Q7. 当网络上出现来源不明的负面消息时，您认为媒体应当采取的行为是（　　）

A. 不跟风，等待相关部门回应□

B. 立即参与，获取事实，但只向相关部门内部通报□

C. 立即参与，获取事实，进行跟踪报道□

D. 根据网络关注程度决定是否进行报道□

Q8. 对于非官方来源（如个人微博、行业论坛）的负面消息，哪种情况下您会相信：

A. 凭自身经验感觉□

B. 图片清楚□

C. 回应人数很多□

D. 发布者之前有过类似消息且已得到证实□

Q9. 对于网络谣言，您认为应当采取的措施是：

A. 严惩造谣者，采取刑事手段从重处理□

B. 保持现有力度，既不加重，也不减轻□

C. 严厉追究相关媒体的责任□

D. 媒体应当集体行动，澄清事实□

Q10. 基于以下原因发起、参与网络热议的人，您认为哪一类人最多，哪一类最少，请由多到少进行排序。

A. 享用言论自由的权利　　B. 发泄个人不满

C. 人多凑热闹　　D. 出于维护社会正义的道德感

E. 为了达到某种政治目的　　F. 职业写手，赚取稿费

排序结果：1 _____ 2 _____ 3 _____ 4 _____ 5 _____ 6 _____

Q11. 在当前社会中，您认为表达国家意见或看法最为恰当的方式是：

A. 新闻媒体发表自己看法□

B. 专家学者通过各种方式发表自己见解□

C. 党和政府通过新闻媒体或发言人表达看法□

D. 党和政府通过决议，下发文件传达□

E. 在各种网站论坛上互相争论，得到最后结论□

Q12. 当在一件事情上国家的观点与社会其他观点不完全一致时，您的看法是：________________

A. 社会观点应服从于国家的观点□

B. 国家的观点应服从于社会观点□

您这样选择的原因是________________

A. 社会观点更接近实际，更加符合需要□

B. 社会观点有合理部分，但片面性较大□

C. 国家观点在结合各种观点基础上形成，更全面深入，更有权威性□

D. 国家观点与社会实际脱节，不能解决实际问题□

Q13. 您认为网络舆论对国家机关产生怎样的影响？

A. 没有影响□

B. 影响不大□

C. 加强对政府的监督，使其做出明智决策□

D. 将促使重要政策出台□

Q14. 近年来，中央提出了要加强网络舆论引导工作，您对此的态度是________________

A. 十分赞同□　　B. 赞同□　　C. 一般□　　D. 反对□

E. 强烈反对□

Q15. 您认为媒体在网络舆论中起什么作用?

A. 报道客观事实□　　B. 引导舆论□

C. 故意炒作，吸引受众目光□

Q16. 对于网络媒体与国家的关系，您认为：

A. 党管媒体不能改变，媒体是党、政府和人民的喉舌□

B. 媒体应有自己的独立性，自己决定如何开展报道□

C. 在性质不变前提下，需要改革媒体管理体制□

D. 媒体应是监督国家和政府的独立“第四权”□

Q17. 下列舆论调控建设选项中，您认为目前存在的问题有：

A. 媒体过度市场化、价值取向发生偏差□

B. 监管乏力，多头管理现象突出，缺少有效法治手段□

C. 舆情搜集与分析体系落后□

D. 危机管理体系落后，缺少新闻发言人□

E. 媒体从业人员素质亟待提高□

F. 政府对新媒体重视程度不够，官方新媒体发展滞后□

Q18. 您认为未来媒体发展的趋势是：

A. 新媒体将占据绝对优势，传统媒体逐渐被淘汰□

B. 新媒体占据主要优势，传统媒体在特定范围内保持优势□

C. 目前影响力最大的新媒体（如腾讯、新浪）将成为未来的舆论主导□

D. 新技术将很快出现取代现有模式□

四川地区网络舆情调查问卷Ⅲ

问卷类型：城市或城镇居民

受访者性别：__________　　受访者学历：__________

调查地点：______________　　受访者年龄：______________

受访者职业：______________

Q1. 下列不同传播渠道中，平时您获取信息按多少顺序排在前五位的是______________

A. 报纸　B. 杂志　C. 广播　D. 电视

E. 网络　F. 手机　G. 生活圈子（包括家人、同事、同学等）

H. 书籍　I. 其他（请写明）

排序结果：1 ____　2 ____　3 ____　4 ____　5 ____

请您对上述各种传播渠道提供信息的可信赖程度打分（请在表格中的分值上画√）

A. 报纸	1	2	3	4	5	6	7	8	9	10
B. 杂志	1	2	3	4	5	6	7	8	9	10
C. 广播	1	2	3	4	5	6	7	8	9	10
D. 电视	1	2	3	4	5	6	7	8	9	10
E. 网络	1	2	3	4	5	6	7	8	9	10
F. 手机	1	2	3	4	5	6	7	8	9	10
G. 生活圈子	1	2	3	4	5	6	7	8	9	10
H. 书籍	1	2	3	4	5	6	7	8	9	10
I. 其他	1	2	3	4	5	6	7	8	9	10

Q2. 在平时的生活中，您在接触网络媒体时，最为关注的是其中的哪类信息？（请按关注程度由高到低排序）

A. 事实描述类信息　B. 观点评论类信息　C. 生活服务类信息

D. 娱乐休闲类信息　E. 情感艺术类信息

F. 其他信息（请写明）______________

排序结果：1 ____　2 ____　3 ____　4 ____　5 ____　6 ____

Q3. 当您从网络媒体上了解到某种观点的时候，决定是否接受它最主要是看它______________

A. 是否真实、准确□　　B. 是否出自国家权威部门□

C. 是否具有实用性□　　　D. 是否符合自己的理解□

E. 其他（请写明）________________

Q4. 上网时，您主要通过哪种渠道浏览社会新闻：

A. 政府官方网站（如新华网、人民网）□

B. 商业门户网站（如新浪、搜狐）□

C. 手机微博□

D. 各类论坛（如天涯、猫扑）□

E. 各类软件（如 QQ、迅雷）链接的消息区□

F. 其他网站（凤凰卫视等）□

Q5. 您经常关注网络舆论事件吗？（如重庆钉子户事件，南京天价烟事件等）

A. 没听说过□　　　B. 不想关注□

C. 关注过□　　　D. 关注并参与发表意见□

Q6. 面对重大突发事件（如自然灾害、暴乱等），您觉得您获取消息的首选方式是：

A. 广播电视□　　　B. 网络搜索，不区分网站及来源□

C. 官方网站□　　　D. 微博微信□

Q7. 上网时，您发表观点的情况是：

A. 从不发表□　　　B. 对正面宣传报道进行评论□

C. 对负面消息爆料进行评论□　D. 热点话题必留言□

Q8. 当网络上出现某种来源不明的负面消息时，您认为媒体应当采取的行为是（　　）

A. 不跟风，等待相关部门回应□

B. 立即参与，获取事实，但只向相关部门内部通报□

C. 立即参与，获取事实，进行跟踪报道□

D. 根据网络关注程度决定是否进行报道□

Q9. 对于非官方来源（如个人微博、行业论坛）的负面消息，哪种情况下您会相信：

A. 凭自身经验感觉□

B. 图片清楚□

C. 回应人数很多□

D. 发布者之前有过类似消息且部分已得到证实□

Q10. 请按照您对不同舆论热点事件的关注度，从高至低对以下选项进行排序。

A. 政府官员的爆料（如“表哥”杨达才、“艳照”雷政富）

B. 群体性事件（如瓮安事件、泸州袭警事件）

C. 社会特定群体丑闻（如李天一事件、富二代飙车）

D. 弱势群体、困难群众

E. 影响国际形势的重大事件（如朝鲜核爆、金融危机）

F. 其他事件（如陈光标、凤姐）

排序结果：1 _____ 2 _____ 3 _____ 4 _____ 5 _____ 6 _____

Q11. 在中日钓鱼岛争端中，您认为媒体应当持有的态度是：

A. 只采用维护本国利益的观点□

B. 仅报道各种观点（境内外媒体），不发表意见□

C. 对不利于本国的观点进行严厉谴责□

D. 论证各种观点（境内外媒体），以自身的调查考证为依据决定是否报道□

Q12. 当身处某个新闻事件的现场，您会采取以下哪种行为：

A. 拍照发微博□ B. 给媒体打电话报料□

C. 只在现场围观□ D. 离开□

Q13. 基于以下原因发起、参与网络热议的人，您认为哪一类人最多，哪一类最少，请由多到少进行排序。

A. 享用言论自由的权利 B. 发泄个人不满 C. 人多凑热闹

D. 出于维护社会正义的道德感 E. 为了达到某种政治目的

F. 职业写手，赚取稿费

排序结果：1 _____　2 _____　3 _____　4 _____　5 _____　6 _____

Q14. 在当前社会中，您认为表达国家意见或看法最为恰当的方式是：

A. 新闻媒体发表自己看法□

B. 专家学者通过各种方式发表自己见解□

C. 党和政府通过新闻媒体或发言人表达看法□

D. 党和政府通过决议，下发文件传达□

E. 在各种网站论坛上互相争论，得到最后结论□

Q15. 当在一件事情上国家的观点与社会其他观点不完全一致时，您的看法是：

A. 社会观点应服从于国家的观点□

B. 国家的观点应服从于社会观点□

您这样选择的原因是________________

A. 社会观点更接近实际，更加符合需要□

B. 社会观点有合理部分，但片面性较大□

C. 国家观点在结合各种观点基础上形成，更全面深入，更有权威性□

D. 国家观点与社会实际脱节，不能解决实际问题□

Q16. 近年来，中央提出了要加强网络舆论引导工作，您对此的态度是________________

A. 十分赞同□　B. 赞同□　C. 一般□　D. 反对□

E. 强烈反对□

Q17. 您认为媒体在网络舆论中起什么作用?

A. 报道客观事实□　B. 引导舆论□

C. 故意炒作，吸引受众目光□

Q18. 对于网络媒体与国家的关系，您认为：

A. 党管媒体不能改变，媒体是党、政府和人民的喉舌□

B. 媒体应有自己的独立性，自己决定如何开展报道□

C. 在性质不变前提下，需要改革媒体管理体制□

D. 媒体应是监督国家和政府的独立“第四权”□

四川地区网络舆情调查问卷Ⅳ

问卷类型：学生

受访者性别：＿＿＿＿＿＿ 受访者学历：＿＿＿＿＿＿

调查地点：＿＿＿＿＿＿＿＿ 受访者年龄：＿＿＿＿＿＿＿＿

Q1. 下列不同传播渠道中，平时您获取信息按多少顺序排在前五位的是＿＿＿＿＿＿＿＿

A. 报纸 B. 杂志 C. 广播 D. 电视

E. 网络 F. 手机 G. 生活圈子（包括家人、同事、同学等）

H. 书籍 I. 其他（请写明）

排序结果：1 ＿＿＿ 2 ＿＿＿ 3 ＿＿＿ 4 ＿＿＿ 5 ＿＿＿

请您对上述各种传播渠道提供信息的可信赖程度打分（请在表格中的分值上画√）

A. 报纸	1	2	3	4	5	6	7	8	9	10
B. 杂志	1	2	3	4	5	6	7	8	9	10
C. 广播	1	2	3	4	5	6	7	8	9	10
D. 电视	1	2	3	4	5	6	7	8	9	10
E. 网络	1	2	3	4	5	6	7	8	9	10
F. 手机	1	2	3	4	5	6	7	8	9	10
G. 生活圈子	1	2	3	4	5	6	7	8	9	10
H. 书籍	1	2	3	4	5	6	7	8	9	10
I. 其他	1	2	3	4	5	6	7	8	9	10

Q2. 在平时的生活中，您在接触网络媒体时，最为关注的是其中的哪类信息？（请按关注程度由高到低排序）

A. 事实描述类信息　B. 观点评论类信息　C. 生活服务类信息
D. 娱乐休闲类信息　E. 情感艺术类信息
F. 其他信息（请写明）________________
排序结果：1 _____　2 _____　3 _____　4 _____　5 _____　6 _____

Q3. 您经常关注网络舆论事件吗？（如重庆钉子户事件，南京天价烟事件等）

A. 没听说过□　B. 不想关注□
C. 关注过□　D. 关注并参与发表意见□

Q4. 上网时，您主要通过哪种渠道浏览社会新闻：

A. 政府官方网站（如新华网、人民网）□
B. 门户网站（如新浪、搜狐）□
C. 手机微博□
D. 各类论坛（如天涯、猫扑）□
E. 各类软件（如 QQ、迅雷）链接的消息区□
F. 其他网站（凤凰卫视等）□

Q5. 面对重大突发事件（如自然灾害、暴乱等），您觉得您获取消息的首选方式是：

A. 广播电视□　B. 网络搜索，不区分网站及来源□
C. 官方网站□　D. 微博微信□

Q6. 上网时，您发表观点的情况是：

A. 从不发表□
B. 对正面宣传报道进行评论□
C. 对负面消息爆料进行评论□
D. 热点话题必留言□

Q7. 当网上出现某种来源不明的负面消息时，您认为媒体应当采取的行为是（　　）

A. 不跟风，等待相关部门回应□

B. 立即参与，获取事实，但只向相关部门内部通报□

C. 立即参与，获取事实，进行跟踪报道□

D. 根据网络关注程度决定是否进行报道□

Q8. 对于非官方来源（如个人微博、行业论坛）的负面消息，哪种情况下您会相信：

A. 凭自身经验感觉□

B. 图片清楚□

C. 回应人数很多□

D. 发布者之前有过类似消息且部分已得到证实□

Q9. 请按照您对不同舆论热点事件的关注度，从高至低对以下选项进行排序

A. 政府官员的爆料（如“表哥”杨达才、“艳照”雷政富）

B. 群体性事件（如瓮安事件、泸州袭警事件）

C. 社会特定群体丑闻（如李天一事件、富二代飙车）

D. 弱势群体、困难群众

E. 影响国际形势的重大事件（如朝鲜核爆、金融危机）

F. 其他事件（如陈光标、凤姐）

排序结果：1 ______ 2 ______ 3 ______ 4 ______ 5 ______ 6 ______

Q10. 在中日钓鱼岛争端中，您认为媒体应当持有的态度是：

A. 只采用维护本国利益的观点□

B. 仅报道各种观点（境内外媒体），不发表意见□

C. 对不利于本国的观点进行严厉谴责□

D. 论证各种观点（境内外媒体），以自身的调查考证为依据决定是否报道□

Q11. 当身处某个新闻事件的现场，您会采取以下哪种行为：

A. 拍照发微博□　　B. 给媒体打电话报料□

C. 只在现场围观□　　D. 离开□

Q12. 基于以下原因发起、参与网络热议的人，您认为哪一类人最

多，哪一类最少，请由多到少进行排序。

A. 享用言论自由的权利　　B. 发泄个人不满

C. 人多凑热闹　　D. 出于维护社会正义的道德感

E. 为了达到某种政治目的　　F. 职业写手，赚取稿费

排序结果：1 _____ 2 _____ 3 _____ 4 _____ 5 _____ 6 _____

Q13. 近年来，中央提出了要加强网络舆论引导工作，您对此的态度是________________

A. 十分赞同□　B. 赞同□　C. 一般□　D. 反对□

E. 强烈反对□

Q14. 您认为媒体在网络舆论中起什么作用？

A. 报道客观事实□　B. 引导舆论□

C. 故意炒作，吸引受众目光□

四川地区网络舆情调查问卷Ⅴ

问卷类型：B（农村）

受访者性别：____________　受访者文化水平：____________

调查地点：________________　受访者年龄：________________

Q1. 您目前所能接触到的媒体有：

A. 广播□　B. 电视□　C. 报纸杂志□　D. 互联网□

E. 手机□

Q2. 您平时主要通过哪种方式了解社会上的各种消息：

A. 广播□　B. 电视□　C. 报纸杂志□　D. 互联网□

E. 手机□　F. 聊天时听别人说□

Q3. 如果有机会上网，下列事情中您最想做的是：

A. 看看最近发生了什么国家大事□

B. 用聊天软件和亲人聊天□

C. 到处看看，凑热闹□

D. 学习新技术□

Q4. 如果发生了自然灾害（如地震），您会：

A. 马上通过广播了解情况□ B. 跟其他人打听消息□

C. 给亲人或者认识的人打电话 D. 等村干部来□

Q5. 国家有大的政策变化时，您是如何知道的：

A. 从广播上听到□

B. 从电视上看到的□

C. 从报纸上看到的□

D. 听村干部说的，他们不说不敢信□

E. 听其他人说的□

Q6. 当您遇到困难时，您会采取以下哪些方式：

A. 直接向当地政府求助□

B. 向传统媒体求助（报纸、电视台）□

C. 通过新媒体手段反映问题（微博求助等）□

D. 向亲戚朋友求助□

Q7. 上网时，您发表观点的情况是：

A. 从不发表□ B. 对正面宣传报道进行评论□

C. 对负面消息爆料进行评论□ D. 热点话题必留言□

Q8. 当网上出现某种来源不明的负面消息时，您认为媒体应当采取的行为是（ ）

A. 不跟风，等待相关部门回应□

B. 立即参与，获取事实，但只向相关部门内部通报□

C. 立即参与，获取事实，进行跟踪报道□

D. 根据网络关注程度决定是否进行报道□

四川地区网络舆情调查问卷Ⅵ

问卷类型：媒体从业人员（专项调查）

受访者性别：____________　　受访者学历：____________

调查地点：________________　　受访者年龄：________________

Q1. 下列不同传播渠道中，平时您获取信息按多少顺序排在前五位的是________________

A. 报纸　B. 杂志　C. 广播　D 电视

E. 网络　F. 手机　G. 生活圈子（包括家人、同事、同学等）

H. 书籍　I. 其他（请写明）

排序结果：1 _____　2 _____　3 _____　4 _____　5 _____

请您对上述各种传播渠道提供信息的可信赖程度打分（请在表格中的分值上画√）

A. 报纸	1	2	3	4	5	6	7	8	9	10
B. 杂志	1	2	3	4	5	6	7	8	9	10
C. 广播	1	2	3	4	5	6	7	8	9	10
D. 电视	1	2	3	4	5	6	7	8	9	10
E. 网络	1	2	3	4	5	6	7	8	9	10
F. 手机	1	2	3	4	5	6	7	8	9	10
G. 生活圈子	1	2	3	4	5	6	7	8	9	10
H. 书籍	1	2	3	4	5	6	7	8	9	10
I. 其他	1	2	3	4	5	6	7	8	9	10

Q2. 在平时的生活中，您在接触网络媒体时，最为关注的是其中的哪类信息？（请按关注程度由高到低排序）

A. 事实描述类信息　B. 观点评论类信息　C. 生活服务类信息

D. 娱乐休闲类信息　E. 情感艺术类信息

F. 其他信息（请写明）________________

排序结果：1 _____　2 _____　3 _____　4 _____　5 _____　6 _____

Q3. 上网时，您主要通过哪种渠道浏览社会新闻：

A. 政府官方网站（如新华网、人民网）□

B. 门户网站（如新浪、搜狐）□

C. 手机微博□

D. 各类论坛（如天涯、猫扑）□

E. 各类软件（如 QQ、迅雷）链接的消息区□

F. 其他网站（凤凰卫视等）□

Q4. 上网时，您发表观点的情况是：

A. 从不发表□

B. 对正面宣传报道进行评论□

C. 对负面消息爆料进行评论□

D. 热点话题必留言□

Q5. 对于非官方来源（如个人微博、行业论坛）的负面消息，下列哪种情况下您会相信：

A. 凭自身经验感觉□

B. 图片清楚□

C. 回应人数很多□

D. 发布者之前有过类似消息且部分已得到证实□

Q6. 对于非官方来源（如个人微博、行业论坛）的负面消息，您认为媒体应当采取的行为是：

A. 不跟风，等待相关部门回应□

B. 立即参与，获取事实，但只向相关部门内部通报□

C. 立即参与，获取事实，进行跟踪报道□

D. 根据网络关注程度决定是否进行报道□

Q7. 在中日钓鱼岛争端中，您认为媒体应当持有的态度是：

A. 只采用维护本国利益的观点□

B. 仅报道各种观点（境内外媒体），不发表意见□

C. 对不利于本国的观点进行严厉谴责□

D. 论证各种观点（境内外媒体），以自身调查考证为依据决定是否报道□

Q8. 基于以下原因发起、参与网络热议的人，您认为哪一类人数最多，哪一类最少，请由多到少进行排序。

A. 享用言论自由的权利　　B. 发泄个人不满

C. 人多凑热闹　　D. 出于维护社会正义的道德感

E. 为了达到特定目的　　F. 职业写手，赚取稿费

排序结果：1 _____　2 _____　3 _____　4 _____　5 _____　6 _____

Q9. 您认为网络舆论是否能够代表民意：

A. 完全能够□　　B. 大部分能够□

C. 少数部分能够□　　D. 完全不能□

Q10. 在网络舆论领域，您最关注的是：

A. 贪污腐败□　　B. 贫富差距□

C. 行业垄断□　　D. 社会保障□

E. 国家政策□　　F. 社会事件□

G. 其他

Q11. 您认为网络舆论监督是否有助于事件的公正处理：

A. 有，而且帮助很大□　　B. 影响不大□

C. 没有影响□　　D. 不但没有，还有负面作用□

Q12. 近年来，中央提出了要加强网络舆论引导工作，您对此的态度是________________

A. 十分赞同□　　B. 赞同□　　C. 一般□　　D. 反对□

E. 强烈反对□

Q13. 当在一件事情上国家的观点与社会其他观点不完全一致时，您的看法是：

A. 社会观点应服从于国家的观点□

B. 国家的观点应服从于社会观点□

您这样选择的原因是________________

A. 社会观点更接近实际，更加符合需要□

B. 社会观点有合理部分，但片面性较大□

C. 国家观点在结合各种观点基础上形成，更全面深入，更有权威性□

D. 国家观点与社会实际脱节，不能解决实际问题□

Q14. 下列舆论调控建设选项中，您认为目前存在的问题有：

A. 媒体过度市场化，价值取向发生偏差□

B. 监管乏力，多头管理现象突出，缺少有效法治手段□

C. 舆情搜集与分析体系落后□

D. 危机管理体系落后，缺少新闻发言人□

E. 媒体从业人员素质亟待提高□

F. 政府对新媒体重视程度不够，官方新媒体发展滞后□

Q15. 对于网络媒体与国家的关系，您认为：

A. 党管媒体不能改变，媒体是党、政府和人民的喉舌□

B. 媒体应有自己的独立性，自己决定如何开展报道□

C. 在性质不变前提下，需要改革媒体管理体制□

D. 媒体应是监督国家和政府的独立“第四权”□

Q16. 作为媒体工作者，您认为自身发展所面临的情况是：

A. 制度僵化，才能得不到施展□

B. 待遇偏低，积极性受到影响□

C. 知识更新速度加快，不能及时提升□

D. 媒体竞争激烈，工作压力很大□

E. 情况较好，没有大的困难□

Q17. 您认为未来媒体发展的趋势是：

A. 新媒体将占据绝对优势，传统媒体逐渐被淘汰□

B. 新媒体占据主要优势，传统媒体在特定范围内保持优势□

C. 目前影响力最大的新媒体（如腾讯、新浪）将成为未来的舆论主导□

D. 新技术将很快出现取代现有模式□

参考文献

一　中文译著

［美］曼纽尔·卡斯特：《网络社会的崛起》，夏铸九等译，社会科学文献出版社 2001 年版。

［美］曼纽尔·卡斯特：《网络星河——对互联网、商业和社会的反思》，郑波译，社会科学文献出版社 2007 年版。

［英］安德鲁·查德威克：《互联网政治学：国家、公民与新传播技术》，任孟山译，华夏出版社 2010 年版。

［美］詹姆斯·博曼：《公共协商：多元主义、复杂性与民主》，中央编译出版社 2006 年版。

［美］詹姆斯·博曼、威廉·雷吉主编：《协商民主：论理性与政治》，中央编译出版社 2006 年版。

［美］阿尔温·托夫勒、海蒂·托夫勒：《创造一个新的文明——第三次浪潮的政治》，陈峰译，生活·读书·新知三联书店 1996 年版。

［美］盖伊·彼得斯：《政府未来的治理模式》，中国人民大学出版社 2001 年版。

［德］哈贝马斯：《公共领域的结构转型》，曹卫东等译，学林出版社 1999 年版。

［德］哈贝马斯：《交往行为理论》，曹卫东译，人民出版社 2004 年版。

［德］哈贝马斯：《在事实与规范之间——关于法律和民主法治国的商谈理论》，童世骏译，生活·读书·新知三联书店 2003 年版。

［美］詹姆斯·S. 费什金：《倾听民意：协商民主与公众咨询》，孙涛

等译，中国社会科学出版社2015年版。

［英］安东尼·吉登斯：《第三条道路及其批评》，中共中央党校出版社2002年版。

［英］安东尼·吉登斯：《失控的世界》，江西人民出版社2001年版。

［荷］丹尼斯·麦奎尔：《麦奎尔大众传播理论》（第五版），崔宝国、李琨译，清华大学出版社2010年版。

［美］马克·波斯特：《第二媒介时代》，范静哗译，南京大学出版社2005年第2版。

［美］本杰明·巴伯：《强势民主》，彭斌等译，吉林人民出版社2006年版。

［美］约·埃尔斯特：《协商民主：挑战与反思》，周艳辉译，中央编译出版社2009年版。

詹姆斯·S. 费什金、彼得·拉斯莱特：《协商民主论争》，中央编译出版社2009年版。

二　中文著作

陈家刚：《协商民主与国家治理——中国深化改革的新路向新解读》，中央编译出版社2014年版。

陈家刚：《协商民主与当代中国政治》，中国人民大学出版社2009年版。

赵春丽：《网络民主发展研究》，经济科学出版社2011年版。

郭小安：《网络民主的可能及限度》，中国社会科学出版社2011年版。

闫孟伟主编：《协商民主：当代民主政治发展的新路向》，人民出版社2014年版。

谭跃进、黄金才、朱承编：《决策支持系统》（第二版），电子工业出版社2015年版。

胡象明：《公共部门决策的理论与方法》（第二版），高等教育出版社2015年版。

［美］哈桑：《后现代转折》，载王一川编《后现代主义文化与美学》，北京大学出版社1992年版。

许海清：《国家治理体系和治理能力现代化》，中共中央党校出版社 2013 年版。
于建嵘：《抗争性政治：中国政治社会学基本问题》，人民出版社 2010 年版。
陆学艺：《社会蓝皮书：2013 年中国社会形势分析与预测》，社会科学文献出版社 2013 年版。
马奔：《协商民主：民主理论的变迁与实践》，山东大学出版社 2014 年版。
陈胜勇、何包钢主编：《协商民主的发展》，中国社会科学出版社 2006 年版。
韩冬梅：《西方协商民主理论研究》，中国社会科学出版社 2008 年版。
莫吉武、杨长明、蒋余浩：《协商民主与有序参与》，中国社会科学出版社 2009 年版。
王心岳：《中国特色社会主义协商民主》，青海人民出版社 2009 年版。
刘仁勇：《中国协商民主理论与实践》，四川人民出版社 2011 年版。
李允熙：《从政治协商走向协商民主：中国人民政协制度的改革与发展研究》，社会科学文献出版社 2012 年版。
陈朋：《国家与社会合力互动下的乡村协商民主实践：温岭案例分析》，上海人民出版社 2012 年版。
杨弘：《中国的协商民主模式及其发展研究》，东北师范大学出版社 2012 年版。
俞可平：《敬畏民意：中国的民主治理与政治改革》，中央编译出版社 2012 年版。
朱力：《转型期中国社会问题与化解》，中国社会科学出版社 2012 年版。
李强等：《城市化进程中的重大问题及其对策研究》，经济科学出版社 2009 年版。
李强：《社会分层与贫富差距》，鹭江出版社 2000 年版。
楼培敏：《中国城市化：农民、土地与城市发展》，中国经济出版社 2004 年版。

骆玲等:《城市化与农民》，西南交通大学出版社 2006 年版。

三 主要论文

陶东风:《大众传播与新公共性的建构》,《文艺争鸣》1999 年第 2 期。

党秀云:《公民精神与公共行政》,《中国行政管理》2005 年第 8 期。

彭勃、邵春霞:《政治理性与政治神话》,《理论学习月刊》1996 年第 2 期。

唐庆鹏:《网络协商民主的成长轨迹及障碍研究》,《当代世界与社会主义》2015 年第 5 期。

贾顺平、唐祯敏:《基于微观模拟的城市快速路交通事故影响评价系统》,《交通运输系统工程与信息》2006 年第 1 期。

王飞跃、曾大军、曹志冬:《应急 2.0：万维社会媒体及群体态势建模与分析》,《中国应急管理》2009 年第 1 期。

刘樑、许欢、李仕明:《非常规突发事件应急管理中的情景及情景—应对理论综述研究》,《电子科技大学学报》(社会科学版) 2013 年第 6 期。

姜卉、黄钧:《罕见重大突发事件应急实时决策中的情景演变》,《华中科技大学学报》2009 年第 1 期。

李丹阳:《大数据时代的中国应急管理体制改革》,《华南师范大学学报》(社会科学版) 2013 年第 6 期。

邢梦婷:《面向政府决策支持的社会舆情信息采集及组织研究》，硕士学位论文，南京理工大学，2016 年。

舒其林:《非常规突发事件的情景演变及“情景—应对”决策方案生成》,《中国科学技术大学学报》2012 年第 11 期。

曾大军、曹志冬:《突发事件态势感知与决策支持的大数据解决方案》,《中国应急管理研究》2013 年第 11 期。

王岑:《大数据时代下的政府管理创新》,《中共福建省委党校学报》2014 年第 10 期。

李晶:《“棱镜”折射下的网络信息安全挑战及其战略思考》,《情报理论与实践》2014 年第 4 期。

俞晓秋:《国家信息安全综论》,《现代国家关系》2005 年第 4 期。

王世伟:《论信息安全、网络安全、网络空间安全》,《中国图书馆学报》2015 年第 3 期。

胡幼伟:《争议性外交议题之新闻文本框架分析——以“凯德磊隐匿访台”事件为例》,中华传播学会 2005 年年会论文。

潘忠党:《传媒的公共性与中国传媒改革的再起步》,《传播与社会学刊》2008 年第 6 期。

袁光峰:《合法化框架内的多元主义:征地拆迁报道中的冲突呈现》,《新闻与传播研究》2012 年第 2 期。

于建嵘:《中国的社会泄愤事件与管治困境》,《当代世界与社会主义》2008 年第 1 期。

许鑫:《媒介公共性与公共领域研究:议题、进路与出路——基于文献回顾和研究现状的反思》,《深圳大学学报》(人文社会科学版)2014 年第 5 期。

方兴东、张静、张笑容:《即时网络时代的传播机制与网络治理》,《现代传播》2011 年第 5 期。

段元秀:《西方政治思想中的共识理论研究》,博士学位论文,天津师范大学,2015 年。

谢宗学:《网络民主与审议民主之实践——资讯化社会的桃花源村?》,《资讯社会研究》2003 年第 4 期。

Ellen S. D. , Wieczorek G. F. , *Landslide, Floodsand Marine Effects of the Storm of January* 3 – 5 1982 *in the Sanfrancisco Bay Region*, California: US Geological SurveyProfessional Paper, 1982.

Yongnian Zheng & Guoguang Wu. , “Information Technology, Public Space, and Collective Action in China”, *Comparative Political Studies*, Vol. 38, 2005.

H. Buchstein, “Bytes that Bite: The Internet and Deliberative Democracy”, in *Connstellations*, Vol. 4, No. 2, 1997.

Telang R. , Wattal S. , “Impact of Software Vulnerability Announcementson the Market Value of Software Vendors – an Empiricalinvestigation”, *IEEE Transactions on Software Engineering*, Vol. 33, 2007.

四 外文著作

Jorge M. Valadez, *Deliberative Democracy*, *Political Legitimacy*, *and Self – Determination in Multicultural Societies*, USA Westview Press, 2001.

Zixue Tai, *The Intenet in China*: *Cyberspace and Civil Society*, New York: Routledge, 2006.

Froomkin A. M., "The Internet as a source of regulatory arbitrage", Kahin B., Nesson C., *Borders in Cyberspace*: *Information Policy and the Global Information Structure*, Massachusetts, MIT Press, 1997.

五 网络资源

《BBC 教青少年辨别假新闻　派新闻工作者宣讲新闻"生产过程"》，2018 年 3 月 27 日，新浪网（http://news. sina. com. cn/w/2018 – 03 – 27/doc – ifysrqtn-7504463. shtml）。

《人工智能打不过人工》，2015 年 1 月 20 日，创业邦（http://www. cyzone. cn/a/20180120/，2018 – 01 – 20）。

《后真相时代：现在的问题是，我们开始不在意谎言》，2017 年 9 月 7 日，腾讯网文化频道（http://cul. qq. co）。

《在普遍怀疑的时代，重建信任》，2018 年 1 月 19 日，腾讯微信（https://mp. weixin. qq. com/s? __biz = MjM5NjMxNTIwMg%3D%3D&idx = 2&mid = 2652050376&sn = 5622dc276ccfcefc26d8824de-8e190a1）。

《互联网新闻研究中心发表〈美国全球监听行动纪录〉》，2014 年 5 月 26 日，新华网（http://news. xinhuanet. com/world/2014 – 05/26/c_1110863548. htm）。

《〈连线〉新刊主题是"危机中的新闻业"，用 8 篇报道讲透了现实与焦虑》，2017 年 3 月 1 日，腾讯传媒（http://mp. weixin. qq. com/s/lOd_Yy6B-pIsskOZ1f06nZg）。

《盘点 2016 年侵犯公民个人信息犯罪十大典型案例》，2016 年 12 月 18 日，中国网（http://henan. china. com. cn/news/2016/1218/3914327. shtml）。

《中国网民权益保护调查报告2016》，2016 年 6 月 26 日，中国互联网协会（http：//www. isc. org. cn/zxzx/xhdt/listinfo－33759. html）。

《个人信息保护再“加码”依法收集须防泄露》，2017 年 3 月 22 日，科技日报（http：//www. stdaily. com/kjrb/kjrbbm/2017－03/22/content_526596. shtml）。

《网络安全法解读：开启我国信息网络立法进程》，2016 年 11 月 10 日，网易（http：//news. 163. com/16/1110/08/C5GFQ840000-14SEH. html）。

《雅虎发生重大数据泄漏：2 亿用户信息被贩卖》，2016 年 9 月 22 日，腾讯网（http：//tech. qq. com/a/20160922/041244. htm）。

《58 同城信息泄露太可怕！姚劲波回应也难平舆论焦虑》，2017 年 3 月 25 日，清博舆情公众号文章。

薛红吉：《麦肯锡“大数据”咨询报告译丛及观点摘录》，2018 年 4 月 16 日，中国云计算（http：//www. chinacloud. cn/show. aspx？ id＝12475&cid＝11&utm_source＝tuicool&utm_medium＝referral）。

《网络安全成全球难题　世界需要“中国方案”》，2016 年 9 月 20 日，湖北网台（http：//news. hbtv. com. cn/p/277321. html）。

《我国网络信息安全产业概览》，2017 年 6 月 19 日，红客学院（http：//www. cnhongke. org/article/44023）。

《1989 年第一个计算机应急小组及其协调中心成立》，2018 年 12 月 3 日，比特网（http：//sec. chinabyte. com/65/8617065. shtml）。

《马其顿小镇青年靠炮制“特朗普掌掴观众”假新闻成名之后》，2017 年 3 月 9 日，科通社（http：//www. vccoo. com/v/ywm227？ source＝rss）。

《虚假新闻泛滥成多国新愁　专家：社交平台该负多大责任?》，2017 年 2 月，环球网国际新闻频道（http：//world. huanqiu. com/exclusive/2017－02/10091955_2. html）。

《牛津词典 2016 年度词：后真相，还有真相存在吗?》，2016 年 11 月 22 日，腾讯文化（http：//cul. qq. com/a/20161122/002451. htm？ pgv_ref＝aio2015& ptlang＝2052）。

《任性政客约翰逊，请把英国带走》，2016 年 7 月 6 日，人民网（http：//paper. people. com. cn/hqrw/html/2016 －07/06/content_1726021. htm）。

胡泳：《后真相与政治的未来》，2018 年 2 月 6 日 （www. chinathinktanks. org. cn）。

喻国明：《媒体变革：从“全景监狱”到“共景监狱”》，《人民论坛》2009 年 8 月 1 日第 3 版。

孙晓莉：《网络公共舆论危机的应对》，2011 年 1 月 4 日，人民网（http：//theory. people. com. cn/GB/13647839. html）。

《中国土地制度改革何处去？——访著名经济学家华生教授》，2014 年 5 月 12 日，中国共产党新闻网（http：//theory. people. com. cn/n/2014/0512/c40531 －25006080 －5. html）。

于建嵘、斯科特：《底层政治与社会稳定》，2018 年 1 月 24 日，南方周末（http：//www. infzm. com/content/trs/raw/35277）。

《7・2 四川什邡宏达钼铜项目群体性事件》，2014 年 8 月 7 日，百度百科（http：//baike. baidu. com/link？ url = DqomAq _ QlJZLc _ Pc4RypQggr1LM _ h2iUePI0y3rAYIAluPXqlH5GSjlujLYnlRcJ _ H － ECamQchTlvzKsZabCba）。

桑彤、何欣荣：《新型城镇化需避免矛盾“共振”导致风险》，2013 年 12 月 18 日，和讯网（http：//opinion. hexun. com/2013 －12 －18/160706433. html）。